40대, 판을 바꾼다

홍재기 지음

40대, 판을 바꾼다

홍재기 지음

발행처·도서출판 **청어**
발행인·이영철
영　업·이동호
홍　보·최윤영
기　획·천성래 | 이용희
편　집·방세화
디자인·김바라 | 서경아
제작부장·공병한
인　쇄·두리터

등　록·1999년 5월 3일
(제321-3210000251001999000063호)

1판 1쇄 인쇄·2016년 7월 20일
1판 1쇄 발행·2016년 7월 30일

주소·서울특별시 서초구 효령로55길 45-8
대표전화·586-0477
팩시밀리·586-0478

홈페이지·www.chungeobook.com
E-mail·ppi20@hanmail.net
ISBN·979-11-5860-422-6(13320)

이 책의 저작권은 저자와 도서출판 청어에 있습니다.
무단 전재 및 복제를 금합니다.

이 도서의 국립중앙도서관 출판시도서목록(CIP)은 서지정보유통지원시스템 홈페이지
(http://seoji.nl.go.kr)와 국가자료공동목록시스템(http://www.nl.go.kr/kolisnet)에서
이용하실 수 있습니다.(CIP제어번호: CIP2016012251)

40대, 판을 바꾼다

프롤로그 인생 후반전은 40대에 결정된다

'독행'을 결심했다

500년간 무덤에 묻혀 있다 세상 밖으로 나온 『소서(素書; 비밀의 책)』라는 책에 '부지심(夫志心) 독행지술(篤行之術)'이란 말이 있다. '마음에 뜻을 세우고 꾸준히 실천하라'는 말로 이 책 지은이 황석공은 한나라 공신 장량에게 1,336자의 책을 넘겨주며 '이 책을 신성하지 않은 사람에게는 전하지 말라'고 당부했다. 장량은 결국 전할 사람이 없어 무덤에 묻어 두었다는 기서(奇書)이다.

글 가운데 '독행(篤行)'은 꾸준한 실천을 의미한다. 중국의 가장 오래된 사전 『설문해자』에서 '독(篤)'은 '말의 걸음이 느리다'는 뜻으로 풀이되지만 느리다는 것은 게으르다는 것과 다르다. '독행'이라는 것은 끝까지 포기하지 않고 나아가는 것을 말한다.

나이 40이 넘으면 세상일에 정신을 빼앗겨 갈팡질팡하거나 판단을 흐리는 일이 없게 되었다고 해서 40대를 '불혹(不惑)'의 나이라고 하는데, 지금 당신은 어떤가? 불혹의 나이에 맞는 알찬 인생을 살고 있는가? 아니면 한치 앞을 내다보지 못하고 불안한 하루하루를 보내고 있는가? 그런 불안한 생활이 이어지고 있다면 한번쯤 인생을 뜯어 고쳐야 한다. 시대의 변화에 맞게 재설계를 하여야 한다.

　독자 중에 내년에 50대가 되는 분이 계시다면 뭔 똥딴지같은 이야기냐고 반문을 할 수도 있다. 40대와 50대는 한살 차이로 이 말이 실감나지 않겠지만, 앞으로 1년 사이에 인생은 180도 바뀐다. 그래서 40대의 1년은 황금보다 소중한 시간이다.

　나는 그 사실을 뒤늦게 40대 말에 깨달았다. 한눈 판 것도 아닌데 40대는 기억이 희미하리만치 빨리 지나갔다. 깨달음이 늦은 만큼 후회가 없지 않지만 아쉬움 없이 지금까지 열심히 살아왔다.

　어떤 독자는 작년에 30대였는데 금년에 40대가 된 사람도 있을 것이다. 느낌이 어떠한가? 좀 묘할 것이다. 그렇다고 이제 갈팡질팡할 일이 팍 줄었는가? 대답하기 어려울 것이다. 이제 자신을 책임져야 할 불혹의 40대 인생을 설계해야 한다. 40대를 길게 즐기고, 길게 쓸 수 있도록 '독행'을 다짐해보라. 당신이 원하는 인생을 어떻게 살 것인지 재설계를 한 번쯤 시작할 때다.

'도전'에 직면하다

세상은 요동치고 있고, 특히 대한민국은 향후 10년간 커다란 도전에 직면할 것이다. 인구구조, 경제 양극화가 심각할 것이고, 이 기간 사회의 흐름은 드라마틱할 것이다. 그래서 앞으로 1~2년이 가장 중요한 시기이다.

대부분의 40대는 조직의 핵심으로 회사 일로 생활이 매여 있다. 그래서 자신을 보살필 시간이 별로 없고 가족과 함께 할 시간도 부족하다. 40대는 만만치 않은 굴곡이 많았지만 그 많은 굴곡을 이미 헤쳐 넘어섰다.

그러나 지금은 전에 팍팍 들이밀던 용기는 어디로 출장 가고, 세상에 거의 끌려 다니다시피 살고 있다. 다람쥐 쳇바퀴 도는 생활에 젖어 개성과 꿈이 사라지고 용기가 작아졌다. 그래서 자칫하다가 50대 이후 괜찮은 인생은 먼 나라 이야기가 될 수 있다. 누구나 적어도 서너 번은 자신의 인생을 변화시켜 보려고 노력을 안 해 본 사람은 없지만 생각만큼 실행이 쉽지 않았다.

대부분 흉내는 냈지만 작심삼일이 전부다. 지금 상황은 녹록치 않다. 앞으로 세상이 변하는 방향으로 변하지 않는다면 당신은 자칫 시대의 낙오자가 될 수 있다. 50이 넘어가면 노후를 준비하는 것만으로도 버겁기 때문이다.

'리스타터'가 될 것이다

지금까지 당신은 과거의 고정관념에서 스스로 변하는 것을 포기하고 있었다면 이번에 함께 해결 방법을 찾아가자. 방법은 있다. 이 책을 통해 재설계를 하고 세 가지를 먼저 실천하기를 권한다. 그동안 생각만 하고 실행을 못했다하더라도 이번 기회에 좀 쉬운 것부터 찾아서 한다면 의외로 큰 성과를 얻을 것이고, 결국 자신의 변화된 모습을 만나게 될 것이다. 한동안 정체됐던 일상생활도 활기도 띠고, 서서히 긍정적인 변화도 올 것이고 당신은 단숨에 새로운 인생을 출발하는 리스타터가 될 것이다.

40대는 반드시 자신을 넘어설 수 있는 마지막 골든타임이다. 오히려 조금 부족하다고 생각하는 지금이 변화의 적기이고 지금부터 장기전 돌입 채비를 갖추고 전략을 재점검할 때이다. 이는 마치 에베레스트 산 정상을 코앞에 두고 베이스캠프에서 정상 정복 전략을 새로이 고민하고, 장비를 점검하는 것과 같다.

 과연 훤히 보이는 저 정상 정복이 가능할까? 충분히 가능하다. 그 선택은 당신 몫인데 선택이 빠를수록 정복의 기회가 여러 번 올 것이다. 다시 출발선에 설 때 신은 당신에게 반드시 정상을 허락할 것이다.

 끝으로 책이 출판되도록 애써주신 도서출판 청어 이영철 대표님을 비롯한 직원 여러분, 그리고 옆에서 응원해준 사랑하는 가족에게 고마움을 전한다.

홍재기

CONTENTS

프롤로그_인생 후반전은 40대에 결정된다 _ 4

1장. 제발 오늘부터 당신의 인생을 살아라

40대는 인생의 골든타임이다 _ 14

흔들리는 당신을 대담하게 일으켜 세워라 _ 21

왜 40대가 중요한가 _ 28

40대에 나머지 인생이 좌우된다 _ 35

40대에 인생을 싹 바꿔라 _ 41

마윈 _ 두려움을 이겨내고 무모한 도전을 하다 _ 49

2장. 인생 최대의 목표를 가져라

생각만 하고 살 것인가 _ 56

목표를 단순하게, 실행은 강하게 하라 _ 65

1년만 꾹 참자 _ 72

더는 포기라는 말을 쓰지 마라 _ 79

무채색 인생에 색깔을 입혀라 _ 85

한경희 _ 성공의 비밀은 정직과 원칙이었다 _ 92

3장. 지금 당장 인생을 걸어라

부족할 때가 변화의 적기다 _ 100

부족함은 단 1%다 _ 108

선투자, 당신만 안한다 _ 114

몸 따로 마음 따로 놀고 있다 _ 121

더 나빠지지 않도록 관리하라 _ 126

성공은 돈으로만 평가할 수 없다 _ 131

백종원 _ 눈높이도 낮췄고 과감하게 경계도 허물었다 _ 137

4장. 1년을 10년 같이 살아라

마지막이라고 생각하고 열정을 쏟아라 _ 144

당신도 격변의 터널 중간에 있다 _ 149

지금은 창조와 의식변화의 과도기 _ 154

당당한 투잡, 쓰리잡 시대다 _ 160

곧 후회할 일을 청산하라 _ 166

유인경 _ 다섯 가지 태도로 인생 승부를 걸었다 _ 172

5장. 10년 후 당신 인생을 책임져라

지금이 당신의 10년 후를 책임질 시기이다 _ 180

당신만큼은 40대를 헛되게 보내지 마라 _ 185

반전의 혁신 스위치를 리셋 하라 _ 191

40대에 중요한 일곱 가지
　　　　　(자기계발, 참여, 건강, 취미, 스마트, 직업, 노후재무) _ 197

김병완 _ 무모하리 만큼 삶을 단순화하고 몰입했다 _ 230

6장. 인생역전을 위해 세 가지만 실천하라

인생역전의 정답은 재설계이다 _ 236

지금 주도적으로 자기혁신을 완성하라 _ 241

먼저 세 가지만 실천하라 _ 246

에필로그_당신의 위대한 인생이 다시 시작됐다 _ 251

1장

제발 오늘부터
당신의 인생을 살아라

40대는 인생의 골든타임이다

　현대사회는 빠르게 변한다. 그래서 그 속도를 따라가려고 애쓰다가 지치기 일쑤인데 이런 때일수록 멀리 내다보고 계획하는 것이 필요하다. 예나 지금이나 선견지명 하는 사람들은 속도보다 멀리 내다보는 능력이 뛰어나고, 절대 빨리 가는 것만이 바른 길이 아니라고 알려주고 있다.
　우리에게 잘 알려지지 않은『지낭(智囊)』이라는 책은 중국 대혁명의 아버지인 쑨원과 중화인민공화국을 세운 마오쩌둥이 손에서 놓지 않던 책인데, 바로 이 선견지명의 지혜를 다루고 있다.
　당나라 말기 기왕(岐王) 이무정(李茂貞)과 양왕(梁王) 주전충(朱全忠)이 우열을 다투며 싸웠다.『지낭(智囊)』에 등장하는 '동원주자(東院主者)'는 이를 보고 장차 나라가 어지러워질 것이라고 짐작했다. 그래서 매일 콩과 조를 갈아 가루로 낸 뒤 이를 다시 벽돌 모양으로 만들어 그것을 서로 붙여 담처럼 쌓았고, 그 뒤 다시 진흙으로 담을 칠해서 가루벽돌 위를 덮었다.

이를 본 집안사람들은 모두 동원주자가 미쳤다고 했다. 그러나 얼마 되지 않아 정말 전란이 일어나서 식량은 모두 떨어지고 이무정의 군사들이 움 안에 감춰뒀던 것마저 모두 약탈해 가는 바람에 백성은 모두 굶어 죽을 지경이었다. 그렇지만 동원주자 사람들은 콩과 조로 만든 벽돌을 풀어 풀을 쑤어 먹어 굶주림을 면할 수 있었다. 선견지명은 '징조감지, 미래예측, 실천적 대응'이라는 세 단계의 지혜가 동시에 발휘될 때 비로소 의미가 있다는 이야기다.

이를 통해 명심할 것이 한 가지 있다. '시간을 헛되게 보내지 말라'는 것이다. 단지 시간만 아낀다고 능사는 아니지만 내가 주도하는 시간의 주인이 될 필요가 있다. 여러분들은 제발 자기의 인생을 남에게 맡기듯이 살지 않기를 바라며 미래를 내다보기 바란다. 오늘 하루는 하루하루가 40대에는 인생 최고의 시기이다.

당신은 이제 세상의 주인인 자신에게 최고의 선물을 하기 위하여 온전하게 자기를 위한 시간을 주도해야 한다. 황금 같은 40대 정말 빨리 지나간다. 그래서 지금처럼 변화가 있고 긍정적이고 도전적인 것이 훨씬 좋다.

인생에서 40대는 가장 아름답다. 40대의 한 시간, 한 시간은 과거의 한 시간, 미래의 한 시간과는 비교가 안 될 만큼 소중하다. 이때는 추진력과 이성적인 판단 모든 면에서 가장 성숙한 시기이다. 사물을 보는 눈이 다르고 인생의 성숙도가 최고조에 이른다.

그렇다면 이 시기를 어떻게 가꾸고 관리할 것인가? 발명가 에디슨은 변명 중에서도 가장 어리석고 못난 변명은 '시간이 없어서'라는 변명이라 했고, 미국의 저술가 '루이스 E. 분'은 인생에서 가장 슬픈 세 가지를 '할 수도 있었는데, 했어야 했는데, 해야만 했는데'라고 이야기했다. 실패의 두려움보다 후회의 잔상이 훨씬 오래 간다는 이야기이다. 부딪쳐 보지도 않고 포기하는데 익숙한 사람은 여러 가지 변명이 계속 생긴다.

인생은 긴 것 같지만, 50대로 들어서는 순간 지나가는 시간이 너무 빠르다는 것을 실감한다. 짧은 시간을 변명하는 것이 가장 바보스러운 변명으로 뒤늦게 후회하는 우를 범하지 마라. 아직 열정을 쏟아붙지 못하고 자기 발전을 못했다면, 이제 깨달았다 해도 지금 시작하면 그 열매를 내 것으로 만들 수 있다.

당신은 앞으로 지금보다 훨씬 좋은 일들이 생길 것에 대비해 급브레이크, 급발진, 과속만 잘 관리하면 된다. 이 세 가지 문제로 나의 나머지 인생이 망치면 안 되니까. 그렇다. 누구도 간섭할 수 없는 나의 인생이고, 나의 세계다. 자신의 미래 준비 없이 시간을 헛되게 보낸다면 진정 원하는 것을 얻을 수 없다. 그래서 이제부터 당신의 정체성을 확립하고, 시간과 물질은 귀하게 소비하는 습관을 가져야 한다. 그래서 당신의 나머지 인생을 최고로 만드는 연출자가 되어야 한다.

　지금 직장을 떠난 사람, 직장을 정리 중인 사람, 아니면 앞으로 전직을 준비 중인 사람도 있을 것이다. 대부분의 사람들에게 평생직장은 없으니 그런 일은 언젠가는 오게 된다. 나도 준비 없이 직장을 떠났던 사람 중 한 사람으로, 떠날 때 두려움이 있지만 그게 결국 나쁜 것은 아니었다.

　과거에는 한 회사에서 정년을 못 채운 것이 나쁘게만 인식된 부분이 있지만 지금 같은 경우는 구조조정, 명예퇴직, 사업철수 등 본인 의지와 상관없이 그만두는 경우가 흔한 일이 되어 스스로 받아들이는 시대가 됐다.

　나는 50세 되던 해에 대기업을 나오면서 다섯 번 직장을 옮기며 변신을 꾀했다. 처음에는 새로운 직장을 옮긴다는 것이 불안하고 두려웠지만 되돌아보면 여러 직장을 옮겼던 것이 오히려 플러스가 됐다고 본다. 40대에 피치 못하게 직장을 그만두던지 사업에 이상이 생겼을 때라도 두려움보다는 현실에 맞게 자신을 강하게 만들어야 한다.

　우리가 살아가면서 대략 10년에 한 번은 인생의 큰 변화를 겪게 된다. 우리는 교육을 받는 시기와 사회에 뛰어든 시기, 가정을 이루고 자녀를 양육하면서 허리 한번 제대로 못 펴면서 그 시기를 극복했다.

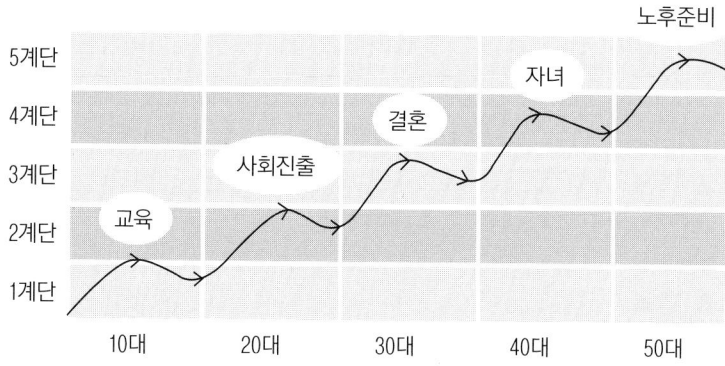

인생 터닝 포인트 사이클

    당신은 지금 네 번째 계단에 서있고, 곧 다섯 번째 계단을 오를 것이다. 표에서 보듯이 상승과 하강 그리고 다시 상승하며, 끊임없이 당신은 S라인 성장통을 극복해왔다. 지금까지 4단계 계단을 잘 왔기 때문에 앞으로도 큰 문제는 없을 것으로 본다. 성장곡선에서 미래를 예견해본다면 황금 같은 40대를 어떻게 관리해야 하는지 답이 나온다.

    지금처럼 일시적인 만족이나 근시안적인 생활로 삶의 중심이 맞춰져 있다면 고민해 봐야 한다. 특히 무엇보다 인생 최고의 시기를 자녀교육과 재테크에만 맞춰졌다면 그 또한 문제다. 이 두 가지보다 더 중요한 것이 자신의 경쟁력을 갖추는 것이다. 자신의 자기계발은 미루어 놓았다면 미래를 위해 상당한 변화를 해야 한다.

누구나 위 두 가지 현실을 피할 수 없는 일이라고 보지만 더 늦기 전에 10년 후 자신과 가족을 위해 변해야 한다. 당신과 가족의 미래 행복은 40대에서 결정될 것이다.

'그냥 이렇게 살면 되지. 인생 뭐 있어.' 그렇게 평범한 인생을 사는 것도 사실 위대한 일이다. 나도 가끔 쓰고 있는 말이다. 큰 사고 없이 하고 싶은 일을 하면서 살아가는 것이 가장 위대하다. 평범하게 살아가는 것은 정말 위대한 것이었다.

하지만 그 안에서 일어났던 일들은 사실 평범하지 않은 일이었다. 수없이 지나간 과거에는 쓰나미의 잔재도 있고, 상처를 받기도 했다. 나쁜 사람을 만나 애를 먹은 일도 있었다. 그렇지만 참으로 신기하게도 순간순간 이를 극복하고 이겨낼 때마다 행복했고, 그런 행복을 먹는 재미로 극복하면서 지금까지 위대하게 살았던 것이다.

이제 당신을 위해 위대한 질문을 던져보라. '나는 앞으로 나를 위해 멋지게 살 수 있는가?' 질문이 다소 어색하지만 이 부분이 40대에게 가장 중요한 질문이라고 본다. 이 시기가 인생 최고의 시기이기 때문에 헛되이 보내면 분명히 50대에 후회한다.

40대는 방황하고 고뇌하는 삶이 반복적으로 일어났고 그 방황과 고뇌를 완전히 벗어날 수 없었다. 그렇다면 그런 고뇌를 하고 있다는 것조차도 미래를 위한 선투자 자원으로 생각해두면 좋을 것 같다. 가능하면 긍정적인 태도로.

그래서 '그냥 이렇게 대충 살면 안 된다.' 40대에 인생 재설계가 필요하다. 곧 50대라는 고유명사가 털거덩 어깨 위에 떨어질 것이다. 어차피 시간만 지나면 다가오는 일이지만 그 상황이 닥치면 3배는 세게 느껴질 것이다.

1949년 노벨 문학상을 받은 '윌리엄 포크너'는 '남들보다 더 잘하려고 고민하지 마라, 지금의 나보다 잘하려고 애쓰는 게 더 중요하다'고 했으며 '불가능은 없다'의 'R.H 슐러'는 '위대하다는 사람도 결국은 비상한 결심을 가진 평범한 사람에 불과하다'고 했다.

최고의 시기에는 항상 가치 있는 생각과 행동이 필요하다. 그래서 누군가 '스스로 가치 있는 사람으로 만드는 일은 우주를 정복하는 일보다 위대한 일이다'라고 했다.

지금 당신은 삶의 지혜와 경험을 토대로 새로운 가치를 만들어 가야 할 중요한 시기에 있기 때문에, 과거와 달리 훨씬 멋지게 살아가는 당신을 응원하고 싶다. 그래서 적어도 1년 후에 생기 넘치고 세련되게 변화된 당신을 상상하고 있다.

> 당신의 미래는 누구도 간섭할 수 없는 자신만의 세계다. 그래서 인생을 남에게 맡기듯이 살지 않고, 내가 주도하는 시간의 주인이 될 필요가 있다.

흔들리는 당신을 대담하게 일으켜 세워라

50세 되기 전에 어떤 중요한 목표가 있다면 진행하고 부딪치기를 바란다. 생각만 하지 말고 준비가 됐으면 실행하여야 한다. 실행이 결정보다 3배는 어렵다는 것을 명심하여야 한다.

생각은 했는데 항상 흔들린다. 누구나 첫발을 떼는 것은 매우 어렵다. 그래서 자신이 생각해둔 일이 차곡차곡 수첩에 쌓여 나간다. 선택한 순간을 미루는 것보다 나쁜 습관은 없기 때문에 새로운 목표를 행해 첫발을 떼면 훨씬 후회도 적을 것이다.

40대는 자신이 갈 곳을 망각하고 일상의 행복만을 느낄 수 있으면 좋으련만, 인생의 갈림길에서 달콤한 커피 한 잔에 나를 떠맡기는 베짱이 인생이 전부가 되어서는 곤란하다. 자칫 그런 길에서 빠져 나오지 못하면 되돌리기가 힘들기 때문에 쉬었으면 다시 일어나 걸어야 한다.

하루 중에 나의 미래를 위한 시간 배려가 조금이라도 있었는가? 아니면 시간만 죽이고 있었는가? 오늘을 후회 없이 살았는지 생각해보라. 나 역시 형편없는 나의 시간개념 때문에 많이 속상했었다. 나름 시간을 소중히 여기는 습관이 있었지만, 시간을 의미 있게 보낸 기억은 많지 않았다. 그래서 시간을 되돌릴 수 없는 아쉬움 때문에, 앞으로는 의미 있게 시간을 느끼고 시간의 주인이 되겠다고 다짐하곤 한다.

오늘 하루를 생산적으로 바꾸어 당신의 소중한 인생에 기회를 제공해라. 오늘도 역시 자신을 위한 시간이 없었다면 내일도 그럴 가능성이 크므로 오늘부터 조금씩 자신을 위한 시간을 가져두기 바란다. 그 오늘이 만약 대박의 기회가 포함될 수 있다는 사전 정보라도 있으면 좋겠다. 아니라면 어떤가. 중박(대박 밑에 중박) 정도의 기회만 온다 해도 꽤 괜찮은 소식이 아닌가?

시간을 소중이 여기고, 변화를 주도하고, 스스로 자신을 떳떳하게 생각하는 마음이 있다면 대박의 길로 들어섰다는 의미이다. 돈으로만 성공을 판단할 수 없다. 과거 부(富)라는 단어는 재물이 넉넉함을 이야기했지만, 지금은 꼭 그렇지는 않다. 성공은 가치 있는 인생을 보내고 있다면 이미 성공의 길로 가고 있는 것이다. 명예, 자존감, 가정의 안녕, 건강, 다양한 취미, 자녀와의 행복감 모두 포함된다. 자신이 원하는 일을 위해 시간을 유용하게 쓰고 그로부터 행복을 느끼는 요소는 모두가 부의 요소가 되는 시대이다.

그래서 자기 발전의 기준과 기회를 다른 곳에 두지 말고 가까운 곳과 자신의 내부에 두어야 한다. 외부의 변화는 필요한 만큼 따라가되 내가 나의 시간의 주인이 될 때 비로소 기회는 오늘 올 수도 있고, 한 달, 길게는 3년 후에 올 수도 있다. 미래를 준비한 자는 거침없이 천리, 만리 길을 달릴 수 있을 것이다.

쓰러지는 삼성전자가 삼류 회사로 넘어가기 전 이건희 회장이 나서서 완전히 혁신하여 일으켜 세운 상황이 있었다. 이 회장은 회장 취임 당시 관료주의에 물든 삼성의 절박함에 이렇게 이야기했다.

"삼성은 지난 1986년도에 망한 회사입니다. 나는 이미 15년 전부터 위기를 느껴왔습니다. 지금은 잘해보자고 할 때가 아니라 죽느냐 사느냐의 기로에 서 있는 때입니다." 이어 1993년 프랑크푸르트에서 '마누라, 자식 빼고 다 바꿔라'는 초강수 신경영 선언을 했다.

이 회장은 사장보다 두 배나 많은 연봉을 받는 인재를 영입하고, 7시 출근, 4시 퇴근하는 74제를 실시하였다. 중변에 걸린 삼성전자의 증세는 약 처방으로는 안 된다고 판단하고 중환자실에서 수술을 하고 따라올 사람만 삼성호에 탑승하라는 지시를 내렸다. 이는 변화의 신호탄이었다. 이런 파격적인 변화가 기폭제가 되어 침몰하던 거함이 10년 만에 완전히 새로운 삼성전자로 다시 일어났고, 모바일, 반도체, 디스플레이에서 완전한 포토폴리오를 완성하고 세계 최고의 기업으로 우뚝 섰다.

삼성전자가 바뀔 수 있었던 가장 큰 원동력은 '변화와 실행력'이었다. 1986년 삼성전자의 심정은 지금 힘들어 하는 40대 처지와 비슷하다. 지금까지 살아온 열정과 성과가 상당했지만 정체된 안개정국에 10년, 20년을 세계적인 기업과 경쟁을 고민하는 그 시기하고 같다.

오늘날 세계는 새로운 기술 혁명의 시대를 살고 있다. 새로운 과학기술의 변화에 적응 못하는 기업은 몰락하고, 새로운 기술이나 문화(예술, 스포츠, 엔터테인먼트, 건강, 관광 등)를 창조하지 못하는 기업이나 국가는 정체하고 있다.

혁신기업을 하나 예를 들어보자. 전기자동차 세계 1위 기업 '테슬라'의 엘론 머스크는 우주여행사업 '스페이스X'를 설립하여 2025년까지 화성에 사람을 보내는 사업을 진행 중으로 우주여행의 가능성을 확실히 보여주고 있다. 2016년 4월 스페이스X 사업의 일환으로 팰컨9 로켓이 발사됐고, 1단계 로켓이 8분 만에 대서양 무인선 플랫폼에 내려앉아 로켓 회수에 성공했다. 이때 로켓이 바다 위 무인선에 온전히 착륙시키기 위한 핵심장비인 위성 통신 안테나를 한국 기업 '인텔리안테크놀로지스'가 제공했다.

엘론 머스크는 로켓을 회수해 재활용하면 우주발사비용이 6,000만 달러(약 660억 원)의 10분의 1로도 우주로켓을 발사할 수 있다고 했다. 그는 1단계 추진 로켓해상착륙실험 성공에 이어 최고시속 1,280km의 교통수단 '하이퍼루프'도 구상중이다.

하이퍼루프는 완전히 밀폐된 터널(튜브)을 고가로 건설하고 그 안을 낮은 기압 상태로 만든 뒤 한 량짜리 차량을 쏘아 날리는 기술이다. 공기저항을 아예 없애버리자는 콘셉트로 진공 터널을 유지하여 열차를 달리게 하겠다는 구상이다.

한편 EU와 일본은 인간 뇌 프로젝트를 크게 시작하고 있다. 적어도 20년을 내다보는 전략이라 보면 맞을 것이다. 우리는 인공지능(AI)의 가능성을 두 눈으로 확인했다. 구글의 인공지능 알파고 앞에 인간이 무릎을 꿇은 일이다. 뇌과학, 인공지능 기술에 휘발유를 들이댄 가공할 일로 이제는 오히려 담담하게 받아들이는 입장이다.

이로써 인간은 의식과 감정 없는 기계를 이길 수 없다는 결론을 얻었다. 컴퓨터의 가공할 지능 위에 선도 기업들은 앞으로 인간의 감정까지도 반영하겠다는 야심찬 목표 두고 있으니 미래 기술을 어떻게 받아들여야 할지 머리가 복잡해진다.

어쨌든 뒤돌아보면 기술이 역사를 끌고 가는 것만은 틀림없다. 1705년 영국의 발명가 토머스 뉴커먼이 발명한 '증기기관' 이후 기술진보가 끊임없이 이루어지고 있다. 인간과 자연이 어우러지고, 사회와 문화의 발전이 새로운 기술로 이어지고 있다. 미래를 만나고자 하는 인간의 무한한 호기심으로, 역사는 항상 앞으로 흘러가고 있다.

대한민국은 기술 선도적인 국가로 인류 역사 주역의 대열에 섰다. 2016년 초 매일경제신문에서 대한민국 50년을 이끌 10

대 기술로 강성모 KAIST 총장, 최재붕 성균관대 기계공학부 교수 등 31명의 저명한 기초과학자, 미래학자가 '① 웨어러블 기기 ② 자율주행차 ③ 양자컴퓨터 ④ 휴머노이드 ⑤ 인공지능 ⑥ 뇌과학 ⑦ 합성생물학 ⑧ 유전자 가위 ⑨ 핵융합 ⑩ 우주발사체'를 선정해서 발표했다. 낯선 용어가 있어도 참고할 만한 미래기술이다.

우리는 지금 일상화 되어 있는 스마트기술 뿐만 아니라 위에서 이야기한 기술을 일상화 할 것이다. 40대는 그 변화의 중심에 있고, 거센 물살의 선두그룹에 있다. 이 변화의 물결에 '도대체 나는 어디서 어디로 가고 있는 것일까?'라며 혼란스러워 하면 곤란하다. 고대 로마시대 작가 '푸블릴리우스 시루스'는 '결정적인 순간에 뒤돌아서는 우를 범하지 말라'고 경고하였다.

부딪쳐보지 않는 한 자신이 얼마만큼 할 수 있는지 알 수 없다. 변화가 다시 변화를 만들고 그 변화의 물결에 뛰어들 때에 자신이 생각 못했던 신비스런 행복의 비밀을 얻을 수 있다.

100세 시대에 40대는 아직 청년이다. 중년이라는 이야기는 하지 마라. 50세가 되기 전에 확실히 자기와의 승부를 걸어라. 왜냐하면 50이 넘어가는 시점에 많은 변화가 찾아온다. 예를 하나들면 노안이 40대 말이면 찾아오는데, 노안 하나만 해도 당신의 삶에 큰 변화를 몰고 온다는 이야기다. 단순히 노안 하나쯤이라고 생각하지만, 이런 신체적 변화는 당신의 의지와 관계없다. 노안도 우습게 보면 안 될뿐더러 기억력 또한 서서히 변한다. 책을 보거나 PC 작업을 할 때 눈이 시려서 확실히 효율이 떨어진다.

특히 여성은 50세 정도에 신체적 호르몬 변화가 급격히 찾아온다. 감정의 변화도 많아지고 심각한 우울증이 오기도 한다. 이 변화를 막은 사람을 한 번도 본 일이 없다.

능동적으로 변화하는 사람, 환경에 적응하는 자만이 흘러가는 역사에 살아남을 것이다. 지금까지 자신의 안일한 생활 안에서 웬만큼 살아왔지만 앞으로 세상은 안일한 당신을 허락하지 않을 것이다. 낡은 마인드를 바꿔야 산다. 신인류, 신기술 시대에 과거에 안주하지 말고, 빠르게 변화하는 흐름에 편승해야 한다.

> 기회는 오늘 올 수도 있고, 길게는 3년 후에 올 수도 있다. 당신의 인생에 기회를 제공하라.

왜 40대가 중요한가

 인간은 약하지만 위기에서는 놀라운 힘을 발휘한다. 세상의 그 어떤 놀라운 것보다 인간의 힘이 가장 강하다. 40대를 살아가는 사람들의 대다수는 지금 일상을 살아가느라 자신의 미래를 제대로 관리하지 못하고 있다. 고민만 하고 있다. 아니면 이번 일만 마무리 하고 다음 달부터 해야지 하면서 벌써 6개월, 1년이 지나갔다. 미루면서도 자신의 미래에 큰 변화를 기대하는 모순된 생각을 하게 된다.
 옛날에 생각했던 낡은 계획만 있고 새롭고 신선한 계획과 목표는 없다. 그래도 지금이 새로운 목표를 실행할 위기라고 생각하지 못하고 있다. 저 강 건너에 어떤 일이 일어나고 있는 사실을 들어서 알고 있지만 강을 건너가는 노 젓기를 미루고 있는 모양새다. 가보지 않고 이야기로만 듣던 그곳에 꾸준히 노를 저어서 갈 수만 있다면 지금 처지와 다른 세상을 만나게 되어 차곡차곡 그 과실을 얻을 것이다.

앞이 딱 막혔다고 생각될 때는 원점에서 하나씩 출발해보는 것도 방법이다. 내 인생이 너무나 복잡해서 머리에 쥐가 나는데 무슨 새로운 목표냐 할 때는 백지에 새로 출발해 보기 바란다. 열 가지 일이 머리에 매일 뱅뱅 맴도는 상황이라면 우선 정리를 할 필요가 있다.

지금부터 각자 현재 자신의 인생의 점수를 적어보기 바란다. 40대 중요한 일곱 가지 '자기계발, 참여, 건강, 취미, 스마트, 직업, 노후재무'로 분류했다. 점수는 5점 척도(1점 불만족-5점 만족)로 한다. 10분이면 된다. 간단하다. 아래 표에 체크된 점수는 나의 경우를 40대와 50대 중반을 점수를 정리한 것이다. 40대 점수를 보면 아주 비참했었다. 57점 수준이었다.

나의 인생 점수는 몇 점쯤 될까?

체크 포인트	40대 점수	50대 중반 점수	점수계산법
자기계발	1 2 ③ 4 5	1 2 3 4 ⑤	(40대 점수) ·개별점수 합계: 3+2+2+2+4+4+3=22 ·노후준비 점수= 22/35 =57점(2.85) (50대 중반 점수) ·개별점수 합계: 5+4+3+3+4+4+4=27 ·노후준비 점수= 27/35 =77점(3.75)
참　　여	1 ② 3 4 5	1 2 3 ④ 5	
건　　강	1 ② 3 4 5	1 2 ③ 4 5	
취　　미	1 ② 3 4 5	1 2 ③ 4 5	
스 마 트	1 2 3 ④ 5	1 2 3 ④ 5	
직　　업	1 2 3 ④ 5	1 2 3 ④ 5	
노후재무	1 2 ③ 4 5	1 2 3 ④ 5	
(환산점수)	57점	77점	(40대, 50대 차이) 77-57= 20점↑

1장 제발 오늘부터 당신의 인생을 살아라

40대 나름 열심히 살았지만 되돌아보면 100점 만점에 57점 수준이었다. 참여와 취미, 건강은 5점 만점에 2점 수준으로 일만하고 숨만 쉬고 살았고, 스트레스도 심해 건강점수도 2점으로 체크했다. 현재 50대 중반을 넘기면서 평가점수가 100점 만점에 77점으로 20점이 올라갔다. 눈부신 변화다.

위의 표에 당신의 현재 점수와 50대 중반 점수를 체크해 보라. 아마 50대 중반은 대략 목표치가 반영된 본인의 희망하는 수준이 될 것이다. 참고로 40대 미혼자가 많은 관계로 가족, 자녀 란은 별도로 두지 않았다. 본인이 넣고 싶은 항목을 만들어 넣어도 무방하다. 이 표는 타인과 비교하지 않기 때문에 너무 오래 생각하지 않고 직관적으로 체크한다. 이 표는 오로지 자신만의 기준으로 7개항에 동그라미를 그려 보면 감이 온다.

각자 점수가 다를 것인데 누구는 57점, 또 다른 사람은 70점이 될 수 있다. 그렇다고 자신을 너무 비하하진 말고 점수를 조금 후하게 주시길 바란다.

50대 중반 점수도 타인과 비교할 필요가 없다. 이 간단한 표는 수십 개의 질문에 답하고 그 결과를 타인이나 준거 기준에 맞춰 평가받기 위한 테스트가 아니다. 철저하게 자기 자신과의 결전이다. 혹시라도 미래의 변화를 생각하기 싫은 사람은 이 표를 그냥 지나가도 무방하다. 하지만 가능하면 종이 한 장을 펼쳐놓고 50대 중반 점수라도 체크해 보길 자란다. 수명은 한없이 길어졌지만 직장 수명은 오히려 짧아지고 있다. 그런 사회의 중심에서 무엇을 어떻게 하고, 내가 어떻게 변해야 한다는 것은 비밀이고 당신만의 약속이다.(197페이지에 '40대에 중요한 일곱 가지'를 상세히 설명했다.)

어딘가 몸이 안 좋아 병원을 가야 하는 상황이 맞다. 그러나 심하게 병이 드러나기 전까지 병원을 잘 안 가게 되는 것처럼, 지금까지 타성과 안주가 근본적인 자기혁신을 가로막고 있지만 병원을 찾을 만큼 위급하지는 않다는 이야기이다. 그래서 병은 곧 약 처방만으로 안 되고 수술을 해야 하는 상황으로 커질 수도 있다.

한 가지 주의점은 현실을 뛰어넘는 과감한 목표를 수립하지 말라는 것이다. 너무 부담을 갖지 않길 바란다. 달성되지 못할 때의 상실감이 있으니 현실적이고 노력하면 가능할 수 있는 목표를 가져가는 것이 중요하다.

내가 40대 중반에 가진 목표는 첫 번째로 경제적인 안정을 잡았다. 대부분 그렇겠지만 50대 이후 가계 수입이 매월 일정하게 나오는 수익 시스템을 구축한다는 목표였다. 왜냐하면 항상 직장의 미래가 불확실했고, 매출과 실적 스트레스로 직장생활이 어려웠다. 그래도 큰 기업에서 그런대로 잘 버티긴 했다.

그 이후 같은 일이 이어졌지만 아이들에게 들어가는 비용이 줄어들면서 그만큼 부담이 줄어 지금은 그런 생각은 심하게 안 하는 편이다. 첫째 딸은 간호사로 전문 직업을 가지고 있어 독립을 했고, 둘째 아들은 군대 제대 후 복학하여 대학을 1년 더 다녀야 해서 아직 목돈이 들어간다. 그래서 아직도 비용에 대한 부담이 크지만 매월 꼬박 나오는 수익보다 내가 하고 싶은 일을 하면서 자기성취감을 느낄 수 있는 일이 더 중요해지고 있다. 계획과 목표도 시간이 지나면서 조금씩 변한다. 무리인 줄 알면서도 이 책을 쓰는 것도 그런 목적의 일환일 수도 있다. 반전일 수 있다. 완전한 소비자가 생산을 한다는 큰 깨달음이 있어서 펜을 들었다.

두 번째로 내가 건강해야 한다는 목표였다. 40대에는 거의 모든 생각이 회사일로 꽉 차 있었기 때문에 스트레스, 피로가 쌓여 힐링할 기회가 없었다. 그만큼 불규칙한 생활에서 스트레스를 쌓아가는 것은 너무나 건강에 안 좋아 이러다가 내가 쓰러지는 게 아닌가 생각도 했었다. 그러면서 내가 절대적으로 운동량이 부족하다는 것을 깨달았다.

뒤늦게 40대 들어서면서 건강에 관심을 가졌다. 당시에는 헬스장도 몇 군데 없었고, 헬스 인구도 그렇게 많지 않았다. 집 근처보다 회사에서 가까운 곳으로 정하고 일주일에 최소 2번은 가도록 노력했다. 피곤했던 내 몸과 정신이 그나마 좀 회복되는 것 같다. 더 피곤한 날은 가능한 빠지지 않도록 노력했다. 지금도 헬스장은 꾸준히 가고 있다. 지금까지 특별한 성인병 없이 건강한 편이다.

나에게 인생의 새로운 목표가 없었다면 지쳐서 쓰러졌을 것이다. 마음이 흔들리곤 했지만, 할 수 있다는 마인드와 변화에 적응하기 위한 노력으로 미래 가능성을 한 번도 포기한 적이 없었다.

나의 목표 두 개 중 수익 시스템은 지금 70%는 달성된 것 같다. 잘만하면 90%까지는 가지 않을까 생각한다. 세상 변화에 적응하는 데 상당한 자신감을 얻었고 실질적인 가능성을 확인받았다. 보통사람들보다 좀 늦어져서 40대 후반에 본격적으로 시작된 재설계는 대체로 만족스럽다. 나만의 만족일 수 있을지라도…….

나는 빠른 회복을 했고, 경영컨설팅, 커리어컨설팅, NCS컨설팅과 고용노동부, 보건복지부, 소상공인시장진흥공단 강의를 하게 됐다. 한국산업인력공단, 한국국토정보공사의 연구과제 수행과 고양시 관련단체에서 기업자문과 기업평가를 하고 있다. 신문에 칼럼을 연재하고, 소상공인 경영지도도 시작했다. 다양한 일을 할 수 있는 인프라를 구축했다. 이런 변화의 첫 번째 동기는 내가 변하지 않으면 위기가 온다는 긴장감이 나를 변화시켰던 것 같다.

썩 행복하지도 않고 미래도 자주 불안하다고 생각하는 40대는 당장 내가 이대로 정체된다는 생각을 절대 하지 마라. 새로운 목표를 2~3개 정했다면 그것은 당신의 활력소가 될 것이다. 그것이 당신의 인생에 전부가 될 수 있다. 금년에 57점, 내년에 65점 달성하면 된다. 5년 후에 80점 정도가 된다면 상당히 성공적인 성과다. 5년 후 점수가 지금보다 20점 정도 올라가는 것은 누구나 충분히 이루어낼 수 있는 수치다. 충분히 가능하다. 세상일은 절대 하루 만에 되는 것은 없다. 그래서 조금씩 꾸준히 공을 들여야만 한다.

> 40대에 뿌린 씨앗은 50대 이후에 차곡차곡 그 과실을 얻을 것이다.

40대에 나머지 인생이 좌우된다

 지금 나는 행복한가? 지금까지 평범하고 행복한 삶을 살았다면 앞으로도 계속 그런 삶이 가능할 것인가? 가능해야 하고 미래에는 훨씬 행복하게 될 당신이기 때문에 좀 더 특별한 선택이 요구된다. 좀 더 좋아지거나 특별한 삶을 원한다면 앞으로 어떠한 삶을 계획할 것이고, 어떻게 살아갈 것인가? 아직 40대에 선택할 수 있는 선택권은 아직 많다. 그렇기 때문에 돈과 시간의 여유가 없다고 이야기하기 전에 좀 더 특별한 선택을 시도할 때이다.
 이제는 장기전에 대비할 40대 페르소나 가면을 바꿔 쓰길 권한다. 1,000개의 가면 중 오늘은 파란색 챙이 달린 모자를 골랐다. 심리학자 구스타프 융은 인간은 천 개의 페르소나를 지니고 있어서 상황에 따라 적절한 페르소나를 쓰고 관계를 이루어 간다고 했다. 페르소나를 통해 개인은 생활 속에서 자신의 역할을 반영할 수 있고 자기 주변 세계와 상호관계를 성립할 수 있다.

지금까지 책임과 역할 그리고 의무를 다하기 위하여 각기 다른 페르소나를 바꿔 쓰고 훌륭한 역할을 했다면 이제 가면 속에 감춰진 자신의 본래의 모습을 찾아보길 바란다. 앞으로는 파란 모자를 통한 일의 진정한 가치와 삶의 가치를 구체화할 필요가 있다. 자신을 넘어서는 좀 더 특별한 시기에 파란 모자를 선택했으니 마지막까지 관통하라. 인생이 더 나빠지기 전에 좀 더 특별해지는 최고의 시간을 위해 파란 모자를 선택한 지금 이 순간부터 다시 시작이다.

40대는 대체로 개방적이고 긍정적이다. 추진력도 강하다. 50대만해도 솔직히 유연하다고 말하지만 개방성이 부족하다. 자기중심적 사고가 강하고 자아에 대한 존중감이 높다보니 상대방의 이야기를 귀담아 듣지 않는 편이다. 그러나 40대는 훨씬 열정이 살아있고 지식과 정보력이 뛰어나다. 사실 대한민국은 조만간 40대가 대한민국을 이끌 것이고 지금보다 훨씬 개방적 사고와 창조적인 국가로 될 것이 확실하다고 본다.

내가 가까이에서 본 40대 친구들은 철저하게 시간 내에 신속하게 일을 맞춘다. 일의 완성도 또한 깔끔하다. 그리고 개인과 회사는 별개의 개념으로 접근하고 있다. 퇴근 후 저녁약속을 잡거나, 자기계발을 하거나, 영화를 보러 가거나, 헬스장에 간다. 아이들이 어린 경우는 집에서 종일 씨름을 하는 경우도 있기는 하지만…….

부럽다. 꼬투리를 잡을 것이 없다. 삶을 아름답게 살아가는 모습이 부럽다. 나는 그 정도로 깔끔한 정도는 못됐고, 회사와 가정의 경계가 불분명해서 그 정도 평범한 삶을 못 누려 왔던 아쉬움이 있다.

앞으로는 인생을 좀 즐기면서 살아야지, 미래만을 위해 사는 생활태도를 바꿔야지 하는 생각을 해본다. 그런 습관을 고친다는 것은 쉽지 않지만 그래도 그런 생각을 계속하고 있는 한 그렇게 별할 수 있으리라 본다.

알베르트 아인슈타인은 이런 이야기를 남겼다. '인생을 살아가는 방식에는 두 가지가 있다. 하나는 기적이란 없다고 생각하며 사는 것이고, 다른 하나는 모든 것이 기적이라고 생각하며 사는 것이다.' 우리가 살아가는 모든 것이 기적에 가깝다. 특히 40대는 앞으로 10년이 가장 중요한 시기이기 때문에 지금 하는 일에 강하게 탄력을 붙여야 한다. 그러면서 인생 재설계를 할 때이다.

어영부영하고 준비 없이 베짱이처럼 잠자고 있을 때, 기회는 찾아왔다 소리 없이 떠난다. 그래서 화끈한 플레이는 득점판에 눈길을 돌릴 때나 핫도그를 사러 갈 때 이루어진다는 모저의 '스포츠 관전 법칙'도 상당히 의미가 있다.

지금부터는 '더럽게 재수 없어'라고 재수 탓을 하지 말고 차근차근 다시 한 번 준비하는 자세가 필요하다. 준비하는 자에게

만 기회가 온다고 했고, 기회가 오늘 올지 내일 올지 알 수 없을 뿐이다. 준비하면 반드시 기회가 온다고 생각해라.

차선을 수도 없이 바꿔 타는 사람은 항상 옆 차선이 빠르다는 생각에 추월을 일삼지만, 간디는 '인생의 속도를 높이는 것 말고도 훨씬 중요한 것들이 많다'고 했다. 분명 너무 서두를 필요는 없다. 하지만 가끔은 주변을 돌아볼 필요가 있다. 당신이 60km로 달리고 있다고 정상이라고 볼 수만은 없다. 옆 차선은 다들 70km로 간다면 차선을 바꾸어야 한다. 필요하면 과감히 추월을 하면 된다.

기회를 저 멀리 있는 것으로 착각하지 마라. 기회는 스쳐지나가듯이 조용히 찾아오기도 하고, 지금이 기회일 수도 있다. 오늘 만날 사람, 가고자 하는 미술관, 여행 장소, 영화관, 큰맘 먹고 간 도서관 모두 소중한 나의 기회의 장이다.

아이비리그 3대 명 강의자로 불리는 하버드대학교 탈 벤-샤하르는 '인생의 갈림길에서 상황에 떠밀리지 말고 스스로 선택하며, 일상 곳곳에 숨겨진 기쁨을 발견하기 위하여 행동에 나설 것'을 촉구한다. 최근 들어 '너무 애쓰지 말고 있는 그대로 인생을 살라'고 이야기하는 명상서를 비판하고 무엇이 자신을 행복하게 만드는 것인지 깨달았다면, 적극적으로 선택하고 그 선택의 길로 나아갈 차례라고 이야기하고 있다.

획기적인 것이 필요하다고 찾아 나섰는데 획기적인 것이 빨리 손에 잘 잡히지 않는다고 조급해 하지 마라. 40대 언제 찾아올지 모르는 기회를 준비하면 된다. 그 기회를 맞이하기 위해 당신의 대문을 활짝 열어 놓고 기회를 환영하라. 40대는 새로운 길을 준비하고 진정한 자신의 페르소나를 찾아가는 시기이다. 그리고 답답하다면 차선 변경도 한번 해 보라.

이런 기회를 포착하는 문제의 본질은 단순하지만 사람들은 의외로 고민을 너무 많이 한다. 나침판이 없는 하루가 시작됐고, 선택의 순간들이 나타날 때 본질에 관계없이 고민만 하게 된다. 그래서 지나치게 사소한 일에만 매달려 중요한 일은 놓치는 일이 비일비재하다. 고민은 길다고 좋은 것은 아니다. 왜냐하면 고민하는 시간이 길면 그만큼 기회비용이 커지면서 오히려 후회가 클 수도 있다.

때때로 간단한 문제와 사소한 고민으로 하루를 보내는 경우도 있다. 먼저 행동에 옮기는 것을 두려워한 나머지 고민을 싸매고 며칠을 고민하는 경우도 있다. 40대는 그럴만한 여유가 없다. 생각은 짧게 실행은 빠르게 해야 한다. 고민 할 시간에 새로운 세계를 경험하고 친구를 사귀고, 미래를 만나야 한다. 그러면서 당신이 추구하는 소소한 기쁨과 행복을 발견할 수 있다면, 당신은 더할 나위 없이 그 시간의 완전한 주인이다. 탈 벤-샤하르의 말대로 인생의 갈림길에서 상황에 떠밀리지 말고 스스로 선택하며, 일상의 주인이 될 때 비로소 행복해진다는 말을 믿고 싶다.

나의 소소한 기쁨은 무엇이 있나? 신문읽기, 드럼, 글쓰기, 꽃

밭 가꾸기, 쓰레기 분리하기, 쇼핑하기……. 막상 따져보니 몇 개 없지만 가만히 생각해보니 애매한 요런 것들도 소소한 기쁨 같다. 도서실 가기, 자전거 타기, 자유로 드라이브, 헤어 관리, 블러그·페이스북 관리, 멍멍이 물주기-우리 집 식구들은 밥만 주고 물 주는 것은 잊어버려 내가 늘 물 담당이다.- 등 꽤 많다. 이런 일상들로 심심하지 않다.

나를 행복하게 만드는 소소한 것들이 무엇인지 알았다면 이미 50%는 성공한 셈이다. 그리고 굴곡이 있고 세찬 비바람이 불어도 꿋꿋하게 내가 몇 가지만 정해서 미래를 향해 그길로 나아갈 때 비로소 나머지 50%의 성공, 행복을 찾을 수 있다고 믿는다.

> 기회란 놈은 어영부영하고 준비 없이 베짱이처럼 잠자고 있는 사람에게는 절대 찾아오지 않는다. 깨어있는 자에게 노크 할 것이다.

40대에 인생을 싹 바꿔라

 창의와 스마트 시대에 당신은 미래를 준비하는 사람인가? 대부분의 사람은 보통 준비되지도 않았고, 그렇다고 준비를 전혀 안하지도 않는다. 준비하며 산다는 것이 어려운 만큼 이번 기회에 제대로 준비하는 사람으로 재창조 되기를 바란다.
 당신은 지금 현직에서 제공되는 노동의 가치로 인해 아주 풍요하지는 않지만 그런대로 평범하게 잘 살고 있다. 현직의 위력은 우리의 인생 전반을 기본적인 삶의 기반을 제공한다. 그래서 늘 월수입을 통해 일상의 안정감을 찾는다. 실업을 한두 번 겪어본 사람은 이 급여의 위력은 상당하다. 그렇지만 그 노동의 가치에 중독된 삶을 살다보면 오래지 않아 그 시간이 나의 전부가 아니었다는 것을 또다시 느낄 것이다.

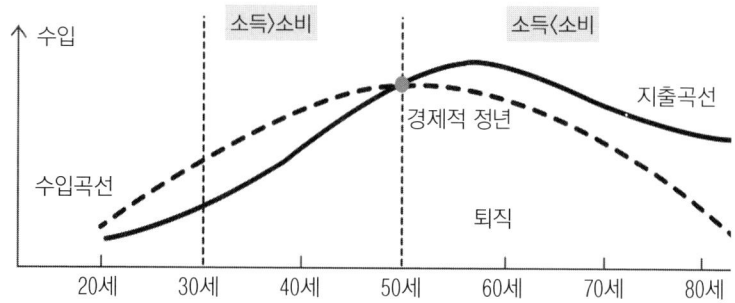

생애주기가설표(소득과 지출의 흐름)

위 표는 1985년 노벨 경제학상을 받은 프랑코 모딜리아니가 고안한 '생애주기가설표'로 소득과 지출을 생애주기로 만들었다. 모딜리아니는 한 개인의 소비는 전 생애에 걸쳐 일정하거나 서서히 증가하지만 소득은 중년 때 가장 높고, 유년과 노년기에는 낮다는 점에 주목했다. 따라서 저축률은 중년에 가장 높고 노년 때는 낮거나 저축을 까먹게 돼 가계 소득과 지출은 전 생애에 걸쳐 일치하지 않는 이론이다.

가계 상황에 따라 다르겠지만 50세 들어서면서 수입보다 지출이 많아지는 특성을 보인다. 따라서 소득보다 지출이 큰 시기에는 돈을 찾아 써야만 하는 한다. 수입지출곡선을 근거로 선을 그려보면 대략적인 자신의 그림을 그려 볼 수 있다. 전반적으로 직장인들의 퇴직연령이 낮아지고 있는 추세이지만 평균수명은 늘어나고 있다는 점 때문에 경제적 정년과 사회적 정년을 길게 보고 자신을 관리하는 것이 중요해졌다.

부득이 실업상태에 있을 경우는 실업기간이 길어지면 자신의 에너지도 고갈되고 기업에서도 부정적인 시각을 가질 수 있으므로 일을 하면서 새로운 돌파구를 찾는 것을 추천한다. 자신을 어딘가에 '앵커링(Anchoring; 닻을 내림)'함으로써 배를 타야 한다. 우선 일자리를 선택하고 또 다른 방법을 모색하는 방법이다.

지금 최선의 선택을 통해 이 자리까지 온 것은 순전히 당신의 독자적인 힘이었고 노력의 결과였다. 그러나 미래를 위해 자신의 경쟁력을 높이고 정보력을 확대하는 다양한 선택의 통로를 만들어야 한다. 보통 50대 중반에 이 이야기를 실감할 것이다.

이제는 10년 후 그리고 그 이후에 필요한 목록을 고려해야 한다. 자신이 부족하다고 생각하지 마라. 당신은 타인과 비교할 수 없는 한번밖에 없는 소중한 인생이고, 타인의 기준으로 당신을 평가하기에는 당신이 나이가 어리지 않다. 누구도 10년 후에 무엇을 어떻게 해야 할지 아무도 답을 가르쳐 주지 않는다. 그리고 각자 자기 목록이 다르기 때문에 정답도 없다. 자신의 목록을 준비하고 그 목표를 향해 나를 위한 시간을 확보할 때 이미 당신은 당신의 최고의 길을 가고 있는 것이다.

그리고 일과 사업으로 건강과 가정을 포기하는 일은 없어야 한다. 바보 같이 일에만 억압이 계속되는 한 50대 이후의 올바른 자신의 모습을 찾기 쉽지 않다. 정신없이 이것저것 모두 열심히 할 것 아니라. 자신의 목록을 만들어 꼭 필요한 부분에 선택하고, 집중하고 유연한 자세로 미래를 나의 페이스로 끌고 가야 한다.

기원 300년 전 중국 송나라 노자(老子) 사상을 계승 발전시킨 장자의 외편에서 장자는 인위(人爲)를 배제하고 무위자연(無爲自然)을 권했다.

> 장자불위유여(長者不爲有餘) 단자불위부족(短者不爲不足)
> -길다고 그것을 여분으로 생각지 않으며, 짧다고 그것을 부족하게 여기지 않는다.
> 시고부경수단(是故鳧脛雖短) 속지즉우(續之則憂)
> -물오리는 비록 다리가 짧지만 길게 이어주면 걱정하게 될 것이다.
> 학경수장(鶴脛雖長) 단지즉비(斷之則悲)
> -학의 다리는 비록 길지만 그것을 짧게 잘라주면 슬퍼할 것이다.

즉, 누구나 인간은 자신의 타고난 그대로를 받아들이고 외적인 요인을 적절히 받아들여야 하는 것이라고 해석하고 싶다.

현대인은 '나' 중심으로 살면서도 때때로 '나'를 잃어버리고 살아간다. 사람의 눈으로 볼 때 오리의 다리가 짧고, 학의 다리가 길게 느껴지듯이, 사물이나 타인을 자신의 선입견에 따라 달리 보인다는 뜻의 의미로서 나와 달라 보인다고 해서, 학의 다리가 길다고 자르면 안 된다. 자신의 불만족한 점도 생각하기 나름이다. 변화를 꽤하지만 자신의 현재 삶 자체를 과소평가 하지 말고 있는 그대로 긍정하고 받아들이면서 목록을 준비한다면 훨씬 좋을 것이다. 지금 내가 안 바꾼다고 크게 손해 볼 것이 없지만, 세상이 바뀌는 것만큼 내가 변하면 훨씬 편할 것이다.

다음 세 가지 경우에 당신이 어디에 해당하는지 생각해보자. 첫째, 현직에서 잘나가지만 자신을 돌보지 않는 사람. 둘째, 현직에서 잘나가지는 않지만 자신의 미래를 틈틈이 돌보는 사람. 셋째, 현직에서도 미래에 대해서도 대충 사는 사람. 당신은 몇 번째에 해당되는가. 두 번째 경우가 대부분일 것이다. 그러나 개중에 세 번째 경우가 본인인 사람이 있다. 미안하지만 오늘 세 번째 경우를 발견한 것은 큰 행운일 수 있다.

이제 현실적인 잔소리를 하나 해보자. 만약 당신이 새로운 직장을 옮길 일이 생겼다고 치자. 그럼 그때 가서 열심히 입사서류를 만들고 자신의 포토폴리오를 만들어 들고 가지 않겠나. 구두도 깨끗하게 닦고, 헤어스타일은 평소와 달리 한껏 힘도 줬다. 누구나 이 정도는 한다. 그러나 요즘 채용 추세는 나름 중요한 보직이라면 서류만 보고 판단하지 않는다는 것을 명심해라. 이력과 업무능력이 확인된 인재라면 그 후 반드시 두 가지 체크를 더 하고 있다고 보면 된다.

지원자의 평판을 모니터 할 수 있고, SNS를 통해 취향과 매너 등을 확인할 수 있는데, 이 부분은 10분이면 체크된다고 보면 된다. 이 두 가지를 통해 평소 가치관과 인간됨을 확인한다. 고객 지향 성향인지, 사회에 불만을 가지고 있는지, 매너가 있는지 다 확인된다.

경영자들이 조직을 이끌어 갈 때 가장 중요한 덕목으로 '팀워크'을 든다. 재직 중에 원만한 평판과 이미지, 건전한 가치관은 단기간에 이루어지지 않으므로 자기관리는 평소에 해야 한다. 특히 SNS도 자신의 이미지에 큰 영향을 미치므로 관리가 필요하다. 보이지 않는 곳에서 당신의 많은 친구가 당신의 SNS를 보고 당신을 생각하게 된다.

이런 두 가지 보이지 않는 비공식적인 조사로 기회가 상실될 수 있다는 것을 명심해야 한다. 평소 자기관리는 만만치 않다. 그렇게 쉬운 것이 아니다. 툭하면 지각을 한다든가, 중요한 일이 있을 때 휴가를 낸다든가, 어쨌든 조직에 다소 희생하는 마음과 협조한 당신이었다면 적어도 '나쁘지 않다' 정도는 그들이 이야기 할 것이다.

보통 40대 전후로 역사책이 바뀐다. 자존감과 내면의 자아를 보살필 시간이 없이 거의 앞만 보고 역경을 다 이겨냈다. 그만큼 변화에 적절히 반응하고 스스로 경쟁력을 갖춘 지금까지가 1편의 역사라면 지금부터 당신을 주인공으로 하는 2편의 역사를 다시 써내려 간다고 생각해라.

쉬운 것 같지만 그렇게 만만치 않다. 결과론적이지만 항상 문제를 어렵게 생각하고 서성거리고만 있지 말고, 결단하고 실행으로 옮겨야 한다. 이 결단과 실행이 당신 역사의 2편 스토리가 될 것이다.

그래서 이런 이야기가 있다. 복잡하고 어려운 문제를 대담하게 해결한다는 의미로 쓰이고 있는 고르지아스의 '매듭' 이야기이다. 옛날 프리지아의 고르지아스는 짐마차를 타고 와서 짐마차를 기둥에 묶어놓고 매듭을 단단히 지어 놓았다. 그리고 이 매듭을 푸는 사람이 아시아의 왕이 될 것이라는 신탁이 있었다. 왕이 되려고 하는 많은 사람들이 매듭을 풀려고 했으나 모두 실패하였다. 이곳을 지나던 알렉산드로스 대왕 역시 매듭을 풀려고 노력했으나 매듭은 풀리지 않았다. 화가 난 그는 칼을 들어 매듭을 확 잘라버렸다. 결국 수수께끼 같은 고르지아스의 매듭은 알렉산드로스 칼에 단방에 풀리고 말았고, 그는 신탁에 따라 아시아의 지배자가 되었다.

이제 당신은 과거처럼 돈 버는 기계로 남을 것인지, 아니면 당신의 인생에 가치와 의미, 그리고 행복을 찾아가는 삶을 살 것인지 준비하고 결정하는 대로 결정될 것이다. 불과 몇 년 전하고 지금 바뀐 것이 별로 없이 살아왔다면 고개를 들어 앞을 보라. 10년 앞이 훤히 보인다. 이내 하늘과 땅 차이의 세상을 직면하며, 땅을 칠 일이 없기를 바란다. 그래서 지금 편안하고 행복한 시간에 좀 더 행동하는 자세가 필요한 시기이다. 뻔히 보이는 10년 후를 위해 한 단계 도약을 준비하라. 뻔히 보이는 그곳을 바라보고, 고르지아스의 매듭을 과감히 잘라라.

> 40대를 전후해 역사책이 바뀐다. 지금까지가 1편의 역사라면 지금부터 당신을 주인공으로 하는 2편의 역사를 다시 써내려 간다고 생각해라.

두려움을 이겨내고 무모한 도전을 하다

_ 마윈

　마윈은 개천에서 스스로 용이 된 사람이다. 1999년 전자 상거래 알리바바를 창업하여 2016년 자산이 333억 달러(36조 원)로 아시아 부호 1위, 전 세계 부자 순위 15위에 올랐다. 〈파이낸셜 타임스〉는 한때 그를 중국에서 공산당 말고 가장 큰 영향력을 가진 사람이라고 특필하기도 했다. 그는 40대에 중국 전자 상거래 기업 '이베이'의 아성을 완전히 뒤집었다. 기적의 사나이 마윈, 그는 어떤 사람인가?

　그는 1964년 중국 저장성 항저우에서 가난한 경극배우의 3남매 중 둘째로 태어났다. 중국 문화대혁명으로 인해 경극배우들은 일자리를 잃었고, 어려서부터 가난하게 자랐으며, 왜소하고 개성 있는 외모로 '못난이 윈'으로 불리기도 했다.

　한때 KFC에서 일하고자 매니저 면접을 봤으나 162cm의 작은 키에 비호감의 외모로 24명 지원자 중 마윈만 탈락하기도 했으며, 중학교 시험 3번, 대학 낙방 3번, 수십 회 넘게 취업 문턱에서 떨어졌다. 그는 미국을 배우고 싶어 하버드 대학에 10번의 원서를 냈으나 역시 모두 거절당했다.

그의 인생이 바뀐 것은 재미있게도 중학교 때 이성에 눈을 뜨면서 인생에 변화가 왔다. 중학교 때 새로 부임한 영어 선생님을 짝사랑하게 된 것이다. 여선생님을 짝사랑한 그는 영어공부에 미쳤고, 선생님의 눈에 들기 위해 수단과 방법을 가리지 않고 영어공부에 빠져들어 갔다.

그는 영어 연습을 위해 매일 아침 자전거를 타고 45분이나 걸리는 항저우 샹그릴라 호텔로 가 외국인과 영어로 소통하며 관광객에게 가이드를 해주었다. 덕분에 수준급의 영어 실력을 가지게 되었다.

그러다가 그는 3수 끝에 항저우(杭州)에 있는 항저우사범대학에 간신히 합격하고, 1988년에는 영어교육학을 졸업했다. 그 후 항저우전자대학에서 영어를 가르치는 강사로 일했지만, 한 달 수입은 12달러를 받았다.

영어강사로 일하던 도중 1992년에 '하이보'라는 영어번역과 통역을 해주는 사무소를 개업하였지만 실패하였다. 하지만 1995년 중국 항저우 정부의 업무를 처리하러 파견됐던 마윈은 우연히 통역회사 대표로 미국 땅을 밟게 되면서 인생의 전환기를 맞았다.

시애틀에 있는 친구 사무실에 우연히 들렀다가 친구에게 '뭐든지 찾아주는 인터넷이라는 것이 있는데 한번 아무 단어나 써보라'는 권유를 받았고, 그는 키보드에 머릿속에 떠오르는 단어 'beer(맥주)'를 쳤다. 순간 깜짝 놀랐다. 중국의 맥주는 일절 검색에 나타나지 않았다.

이때 충격으로 중국의 인터넷의 무한한 가능성을 직감했고, 곧 인터넷의 시대가 열릴 것이라는 신념 하나로 1999년 3월, 친구 17명과 함께 항저우 자신의 아파트에서 알리바바를 창업했다.(대한민국에서는 1999년 네이버가 창업한 해이며, 옥션은 1998년 창업했으나, 2001년 미국 이베이에 약 1,506억 원에 피인수 됐다. 이베이는 이어 G마켓을 흡수 통합하여 전자상거래 맹주가 되었다.)

마윈의 아파트에서 시작된 알리바바는 거래를 성사시키지 못하고 위기에 빠지는 어려움도 있었지만 2000년 소프트뱅크 손정의에게서 2,000만 달러의 투자를 받으며 위기를 넘기고, 기업 간 거래 사업(B2B)을 키워나가 세계의 공장이라고 불리는 중국의 위치, 그리고 중국 뿐 아니라 전 세계로 퍼져있는 화교네트워크 등을 통해 2003년부터 사업은 성공궤도를 달리기 시작했다.

그는 여기서 멈추지 않고, 당시 이베이가 지배하고 있던 중국의 온라인 시장을 뚫기 시작했다. '타오바오', '티몰'을 만들어 회사를 키워가며, '타도 이베이'를 외쳤고, 결국 버티던 이베이는 2006년 중국 시장에서 철수를 했다. 전자상거래 글로벌 강자를 중국의 벤처기업이 단 3년 만에 무너뜨렸다.

알리바바는 2014년 9월 미국 뉴욕증시(NYSE)에 상장을 했고, 첫날 시장가격이 공모가 대비 38%나 상승하면서 '대박'을 치며 시가 총액 2,314억 달러(약 241조 원)를 기록으로 세계 최고 소셜네트워크 회사인 '페이스북'의 가치를 초과하는 기염을 토했었다. 미국 기업공개 역사상 가장 높은 기록이었다.

  알리바바 미국 증시 상장으로 손정의 소프트뱅크는 2,000만 달러(220억 원, 지분율 34.4%) 투자 금액이 578억 달러(63조 원)로 불어나 세상을 놀라게 했다.

  알리바바는 통신, 미디어, 영화에 이어 가상현실(VR), 감성인식 로봇과 금융 등에 전방위적인 인수합병과 공격적인 지분투자로 사업영역을 빠르게 확대하고 있다. 2015년에는 112년 전통의 홍콩 영문 유력지 〈사우스차이나모닝포스트〉를 인수하기도 했다.

  알리바바는 2015년 광군제(11월 11일, 싱글 데이) 당일 하루 거래액만 16조5천억 원의 매출 진기록을 남겼다. 전체 거래액 중 모바일 거래 금액이 68% 차지했고, 232개 국가가 티몰 판매에 참여하는 세계 최대의 전자상거래 장터였다. 이날 아모레퍼시픽의 '이니스프리'는 행사 시작 30분 만에 전년 하루 실적 18억 원의 실적을 거뒀으며, 한국 화장품 브랜드는 품절 사태를 빚었다.

  알리바바는 2015 회계연도 총 거래액이 3조 위안(537조 원)을 넘겼는데 이 매출액은 매일 84억 위안(1조4천억 원)씩 팔아야 달성할 수 있는 대기록이다. 거래액을 전 세계 각국의 GDP와 비교해보면 태국의 GDP(29위)보다 알리바바 총 거래액이 더 높다. 유통기업 중 연간 총 거래액 3조 위안을 넘는 기업은 미국 월마트가 유일한데 월마트는 54년 동안 이 기록을 달성했지만 알리바바는 단 13년 만에 기록을 경신했다. 알리바바는 2020년 거래액 6조 위안 달성을 목표로 정하고 있어 5년 후 거래액이 2배로 증가하게 될지 세간의 관심거리가 됐다.

그는 두려움을 이겨내고 무모하게 도전하고 또 도전했다. 그는 소프트뱅크 손정의를 만났을 때, '일류 아이디어와 삼류 실행력, 삼류 아이디어와 일류 실행력 중에서 어느 것이 더 낫겠습니까?'라고 물었고 두 사람은 모두 '삼류 아이디어와 일류 실행력'을 선택했다. 변화와 실행이 있으면 혁신이 가능하고, 잘못된 판단이었을지라도 빠르게 실행한 것이 아예 결정하지 않는 것보다 낫다고 주장한다.

그리고 그는 성공을 이렇게 이야기했다. 성공하는 자는 최후 5분간을 버텨내서 성공하는 것이다. 나는 성공의 정의가 무엇인지 모르지만 무엇이 실패인지는 알고 있다. 바로 '포기'이다.

〈마윈 인생의 세 가지 시사점〉

① 인간적인 리더십(감성지능): 그에게서 권위의식과 리더의 독선적인 카리스마를 찾아보기 힘들다. 그는 막강한 엘리트 군단을 이끌고 전자상거래 판을 뒤집었지만 자만하거나 오만하지 않

는다. 동료를 존중하고, 눈높이를 같이 하며, 인간적인 매력에 충실한다. 이기적으로 행동하면서 자신만의 위험을 회피하고 통제하는 능력의 전통적인 리더와 다르다.

② 버티는 힘: 알리바바를 설립한 1999년부터 몇 년간 한 푼도 벌지 못했다. 자신을 운이 좋은 사람이라고 생각해본 적이 없으며, 단지 의지가 강할 뿐이라고 했다. 어려운 시기를 버티는 힘이 있었고, 말한 것을 실천으로 옮겼다. 자신의 성공은 죽을 때까지 버티다보니 기회가 생긴 것뿐이라고 한다.

③ 변화를 혁신의 기회로: 혁신은 일을 마친 후에나, 일을 하는 도중에 깨닫는 것이 아니라 혁신은 변화를 찾는 길일뿐이었다. 알리바바의 가장 독특한 문화는 바로 변화를 혁신의 기회로 삼는 것이다.

2장
인생 최대의 목표를 가져라

생각만 하고 살 것인가

　인생을 살면서 3번 목숨을 걸 만한 일이 있다고 생각한다. 첫째 대학에 목숨을 걸었고, 둘째 집 사는 데, 셋째 노후준비에 목숨을 걸고 있다. 얼마 전만 해도 세 번째 이야기는 그렇게 회자 되지 않았었다. 그러나 언제부터인지 노후 준비가 가장 중요한 이슈로 대두됐다. 하다못해 청년들도 노후 이야기를 하는 시대가 됐으니 노후 이야기만 나오면 기가 차다 못해 숨이 턱 막힌다. 대학 입시는 희소성과 가치가 쇠태해서 옛날 같지 않고 취업난으로 그만큼 목숨 건 후의 결과가 비참해졌다. 두 번째 자기 집 마련에 목숨 거는 일도 이미 집 공급양이 넘치고 집값도 이미 비싸서 목숨을 걸기에는 지쳤다.
　부동산 투자, 주식 투자 하기 전에 우선 자기계발 투자를 먼저 하는 습관이 필요하다. 초중고 자녀가 있다면 한참 교육비와 용돈이 많이 들어가 생활에 여유가 없다. 경제사정은 늘 빡빡하다보니 본인의 자기계발은 뒷전이다. 자녀의 교육투자비용 상한선을 정하지 않으면 '가랑비에 옷 젖는다'는 말대로 한없이 커질 수 있다. 자녀도 중요하지만 부모도 소홀이 하면 안 된다. 깨놓고 이야기 하면 자녀보다 부모의 자기계발이 더욱 중요하다.

특히 자녀가 있으면 이를 악물고 부모의 지독한 모습과 실천하는 모습을 보이고, 책상에 앉아 있는 모습도 가능하면 자주 보여라. 괜히 공부하라고 어설픈 잔소리를 한다면 아이들은 할 것도 안할 수 있다. 그들도 다 생각이 있고 가까운 곳에서 느끼는 것이 있다. 아주 가까운 데서 영향을 많이 받고 자란다. 부모가 먼저 솔선수범 하는 자세는 자녀교육 효과까지 포함해 1타2피이다.

마하트마 간디는 '나의 미래는 내가 오늘 무엇을 하느냐에 달려 있다'고 이야기했는데 오늘 내가 하는 무엇이 나뿐만이 아니라 자녀와 가족의 미래가 상당부분 달려있다고 생각해야 한다. 아리스토텔레스는 40대의 교육과 자기계발에 대하여 생각만 하고 앉아 있을 때가 아니라 '교육은 노년을 대비하는 최고의 비책이다'라고까지 노후준비에 교육을 첫 번째로 꼽았다.

집안의 경제주체이고 실질적인 경제활동으로 돈을 벌어야 하는 당사자에게 투자는 안하고, 바보같이 자녀에게만 과잉 투자를 하고 있는 실정을 놓고 어쩔 수 없다면 그냥 자식에게만 투자하고 살아도 누가 뭐라 할 사람은 없다. 자신이 나이 들어 자녀에게 부담을 안줄 수 있도록 자기계발을 했다면 그 결과는 지금 자녀에게 밑 빠진 독에 물 붙는 것보다 훨씬 나을 것이다.

　누구나 자신이 한번쯤 10년만 젊어졌으면 좋겠다는 생각을 해보았을 것이다. 그런 일이 일어날 일은 없지만 과거에 대한 아쉬움으로 미련이 남는 것은 인지상정이다. 자산을 늘리는 방법도 간단히 말해 소득을 높이든지 소비를 줄이는 것인데 소득을 높이는 것이 말만큼 쉽지 않다. 그렇다면 소비를 줄여보는 생각을 해야 한다. 소득은 상황에 따라 탄력적으로 변할 수 있지만 소비는 한 번 올라가면 잘 내려가지를 않는다. 그래서 비탄력적이다. 소비 중에 비중이 큰 몇 가지를 살펴보자.

　먼저 사교육비이다. 통계청이 작성한 2015년 초·중·고 사교육비조사 결과에는 사교육에 참여한 학생비율은 68.8%로 참여 학생 1인당 월평균 사교육비는 35만 5천 원이다. 그래서 사교육비를 지금보다 33% 축소하는 것이다. 없애는 것이 아니라 과도한 부분을 좀 줄여 가계자금이나 자녀에게 증여를 해주는 방법이다. 사교육비는 장기적으로 소비를 줄일 수 있는 항목으로 33%인 12만 원 정도만 매월 적립해 준다면 기간이 길어질수록 큰돈을 자녀에게 줄 수 있다. 자녀에게 이 제한을 하면 아이도 찬성하지 않을까? 아이들도 적금을 넣어준다면 반대할 이유가 없고, 약속을 한 만큼 스스로 학습 집중도도 올라갈 것이다.

　돈을 굴리기 위해 기본적으로 새겨두어야 할 팁으로 수익률을 올리기 위해서는 반드시 저축기간이 길어야 한다. 저축금액보다 저축 기간이 수익을 내는 데 더 중요하다. 아무리 저축금리가 떨어졌어도 수익의 일정부분은 하루라도 빨리 저축을 시작하면 좋다. 매월 적립의 복리 효과는 장기에서 높은 수익이 가능하다.

앨버트 아인슈타인은 복리수익율로 원금의 2배를 벌 수 있는 기간을 계산할 수 있는 72법칙(72÷수익률)을 발견했다. 예를 들면 연 5% 이율이라고 가정할 때 3,000만 원을 정기예금에 가입해 두 배인 6,000만 원으로 불어나는 데 걸리는 시간은 14.4년(72÷5)이 걸리는데, 단리로 수익률 5%인 상품이 2배가 되려면 20년이 걸려야 한다.

두 번째는 차량 과소비이다. 우리나라는 선진국에 비해 배기량 큰 차 구매율이 높고, 젊은 층까지 수입차 구매율이 높아지고 있다. 많이 벌면 많이 쓰는 것도 당연한 논리지만 지나치게 차에 대한 애착이 많은데 생각을 바꿔야 한다고 본다. 실용이 아니라 전시물, 과시용 차량이 된다면 많은 돈을 허공에 뿌리고 있는 꼴이라 주변을 의식하기보다는 자신의 경제력에 맞게 또한 길어진 노후까지 고려하여 차에 대한 개념을 바꿀 필요가 있다.

원래 소비는 한번 올라가면 내려가기 쉽지 않은 것이다. 소비는 늘 자신의 경제력보다 과잉소유 욕망을 가지고 있기 때문에 스스로를 통제해야 한다. 우리나라는 유럽, 일본 경제력에 비해 차량 배기량은 높다. 그만큼 차량 과소비를 하고 있는 것이다. 다른 비용보다 집집마다 차량 유지관리비가 만만치 않다.

오일 가격 폭락으로 100달러에서 50달러 이하로 2016년 초 배럴당 26.21달러에 거래되기도 했다. 이런 초유의 오일 가격 폭락으로 우리는 충격적이게도 오일쇼크 기억을 잃어버리고 산다. 까맣게 기억을 못하고 있다. 석유 값이 저렴한 것으로 착각을 하게 된다.

금융위기가 글로벌 경제를 강타한 2008년, 국제 유가는 배럴당 147달러까지 치솟았고 2011년 리비아, 알제리 내전으로 리비아와 알제리가 석유 생산을 중단할 때는 배럴당 220달러까지 갈 수 있다는 극단적 전망도 나돌면서 전 세계 경제가 석유 가격으로 휘청거렸던 일이 불과 몇 년 전이다. 이미 저가격 석유가 수년 내 폭등할 것으로 예상하는 일본은 수십조 원을 자원 확보에 선투자를 검토하고 있다.

석유가격 폭락 시나리오는 당초 아무도 예상할 수 없는 일이었고 덕분에 대한민국도 2015년 경상수지 흑자분 1,000억 달러 중에서 저유가로 인한 개선효과가 35%를 차지했다. 만약 다시 석유가격이 2015년 평균 수입단가의 두 배(106달러)가 된다면 단방에 반 토막이 난다. 우리나라는 석유를 100% 수입하고 있는 나라이다. 다시 석유 값이 고개를 들면 단숨에 100달러 올라가는 것은 시간문제이다. 보험료 상승, 차량 가격 상승, 석유 가격 상승은 가계에 큰 부담이 될 것이다.

석유와 관련된 자동차 이야기를 하나 덧붙여, 자동차 구입에 참고될 만한 피시바인의 다속성평가모델을 소개한다. 소비자의

사결정모델로 몇 가지 사항만으로 차량 구매에 참고할 수 있다. 이 모형에 따르면, 소비자의 태도는 차량이 갖는 특징적 속성과 소비자의 신념에 대한 소비자 평가의 함수로 나타난다.

만약 차량 구매 대체 안은 A, B 두 가지가 있다고 하자. 먼저 속성 중요도 네 가지 '디자인, 차량가격, 안정성, 연비'의 합이 100이 되게 중요도를 배분한다. 다음에 A, B 차량에 대하여 각각 신념을 1점(나쁘다)부터 5점(매우 좋다)까지 정할 수 있다. 예를 들면 A사는 디자인 5점, B사는 디자인 4점으로 정할 수 있다. 그런 다음 속성 중요도와 신념 점수를 합하여 점수(만족도)를 산출한다.

합계 점수가 450점과 370점을 산출되었고 A사 차량을 선택하는 것이 바람직 것으로 결론을 도출할 수 있다. 차량 외에도 구매단가가 높고 장기간 사용하는 고가의 물건이라면 다속성평가모델은 좋은 의사결정 방법이다.

자동차 구매 결정 사례

속 성	속성 중요도(a)	A사 차량		B사 차량	
		신념(b)	점수(axb)	신념(c)	점수(axb)
디 자 인	20	5	100	4	80
차 량 가 격	30	3	90	3	90
안 정 성	20	3	60	4	80
연비(경제성)	40	5	200	3	120
합 계	100	-	450	-	370

평소 가계 소비비중이 높은 부분으로 '사교육비, 차량 유지비'에 이어 '통신비'가 항상 빠지지 않는다. 이미 고정성 비용으로 매월 상당한 금액이 자동 이체되고 있다. 가구당 월평균 통신비가 더 이상 늘지 않고 있지만 우리나라는 가계소비의 5.8%를 통신비로 지출하고 있다. 가처분 소득대비 통신비 비중은 OECD 1위이다. 체감되는 수준이 상당하여, 생계에 적지 않은 부담으로 작용하고 있어 가계 지출 관리의 중요한 대상이다.

세상은 정보가 확대되면서 실용주의로 빠르게 바뀌고 있다. 그러면서 명품을 바라보는 인식도 많이 바뀐 것 같고, 변화도 빠르게 올 것이라고 본다. 과거에는 실용적이면서 트렌디한 상품이 없을 때 명품을 한두 개 소유하는 마음은 이해가 됐다. 개성보다는 남의 시선을 의식하던 시대에는 일정 부분 특정 브랜드로 차별화된 아우라를 보장했었기 때문이다.

그러나 트렌디하면서 실용적인 고퀄리티 상품이 많이 생겨서 오히려 오래된 명품은 시대에 뒤떨어진 브랜드라는 인식까지 들고, 젊은 층으로부터 가성비를 중요시하며, 허튼 데 돈을 절대 쓰지 않는 실용주의 분위기가 전반적인 트렌드이다. 고가를 하나 사는 것보다 중저가로 여러 개 구매하여 다양한 연출과 분위기를 누릴 수 있는 것이다. 이제는 큰돈을 투자하고도 그만한 인정과 시선을 못 받는다면 실용적인 상품을 선택하는 것도 이 시대의 센스 아닐까?

나는 2015년, 유럽 여행을 다녀온 일이 있는데 한 가지 후회한 일이 있었다. 알프스 융프라우 도착 전에 스위스 시계 쇼핑이 있었다. 전문 시계 쇼핑몰로 규모가 꽤 컸고 가격도 괜찮은 것 같았으나 결국 아이쇼핑만하다가 나왔다. 지금도 쓸 만한 시계 2개를 가지고 있는 것 때문에 결국 선뜻 결정을 못하고 빈손으로 나섰는데, 버스가 출발한 후에 후회했다. 실용적인 것에만 길들여져 있는 내가 야속하기도 했다. 다음에 스위스 가면 시계를 하나 사야지라고 굳게 다짐했지만 나의 실용적인 습관으로 과연 가능한 일일지…….

한편 일행 중에는 여행 초반부터 명품가방, 지갑을 사는 젊은 친구들이 있었다. 그들은 여행이 아니라 쇼핑을 나온 것 같은 느낌이 들었다. 그중 한 친구는 고등학교 3학년 학생으로, 집에서 노느니 여행을 가라 떠밀어서 오게 됐다고 했다. 유럽 여행이 두 번째고, 아버지가 굴지의 대기업에 임원으로 근무한다는 그 학생은 여행기간 내내 명품 노래를 부르고 다녔다. 철없는 친구를 보며 나는 하늘을 몇 번씩 쳐다봤다.

차 떠나고 지나서 후회하지 말고, 제발 여행도 다니고 스키도 타러 가라. 스위스 가면 적당한 가격의 시계도 사라. 그것이 한동안 기쁨을 줄 것이다. 적당한 선에서 하고 싶은 것을 하지 않으면 후회 비용이 너무 클 뿐 아니라 열심히 살아온 자신을 위해 적절한 선물도 필요하다. 허튼 데 왕창 긁지 말고, 자신에게 너무 짜게 굴지 말고, 기쁨을 주는 선물을 자신에게 선물하자. 가끔은.

한번 더 이야기하지만 생각만 하지 말아라. 40대에 기초 체력을 갖추어야 한다. 좀 있다 한다고 미뤄놓고 그때 가서는 또 다른 일이 생겨 결국 아무것도 못하게 된다. 그래서 추후에 변화에 적응하려면 두세 배는 더 노력해야 될 것이다. 변화가 빠르기 때문에 40대에 변화할 일, 50대에 변화할 일이 각각 다르다. 그래서 힘들더라도 40대에 생각한 일은 40대에 시작하는 것이 맞다.

> 차 떠나고 지나서 후회하지 말고, 제발 여행도 다니고 스키도 타러 가라. 스위스 가면 적당한 가격의 시계도 사라. 그것이 한동안 기쁨을 줄 것이다.

목표를 단순하게, 실행은 강하게 하라

2016년 1월 지구촌에 10억 달러(약 1조1천억 원) 이상을 가진 억만장자는 1,810명이다. 그중에 한국인 억만장자는 총 31명이다. 세계 최고 부호는 마이크로소프트 창업자 '빌 게이츠'가 750억 달러(약 82조 원)로 3년 연속 1위이고, 스페인 패션 브랜드 자라의 '아만시오 오르테가'가 670억 달러(73조 원)로 2위, 투자의 귀재 '워런 버핏'이 608억 달러(67조 원)로 3위이다. 멕시코의 통신재벌 '카를로스 슬림'이 500억 달러로 4위, 아마존의 '제프 베조스'가 452억 달러, 페이스북의 '마크 저커버그'가 446억 달러, 오라클의 '래리 앨리슨'이 436억 달러로 나란히 5~7위에 랭크됐다.

삼성 '이건희' 회장은 96억 달러로 112위, 아모레퍼시픽 '서경배' 회장은 77억 달러로 148위, 현대자동차 '정몽구' 회장은 43

억 달러로 351위, 스마일게이트 '권혁빈' 회장은 37억 달러로 421위다. 또한 한미약품의 '임성기' 회장은 22억 달러로 810위에 새롭게 이름을 올렸다.

 재벌 이야기로 서론이 길었는데 각설하고, 지구촌 세 번째 부호 워렌버핏의 이야기를 하려고 한다. 워렌 버핏과 전용 조종사 플린트의 이야기다. 워렌 버핏은 자기와 먹는 점심을 입찰하기도 하는데 23억 원에 낙찰되기도 했다. 플린트는 직업 덕분에 버핏과 '0원'에 대화를 나눌 수 있었다. 어느 날 플린트는 자신의 커리어와 목표에 대해 버핏과 이야기 하고 있었다.

> **버핏**: 자네는 목표가 무엇인가? 가장 중요한 목표 스물다섯 가지를 노트에 적어보게.
>
> 플린트는 목표 스물다섯 가지를 완성했다.
>
> **버핏**: 스물다섯 가지 목표를 다 적었으면, 이제 그중에서 가장 중요한 다섯 가지 목표에 동그라미를 쳐 보게.
>
> 플린트는 가장 중요한 다섯 가지 목표에 동그라미를 쳤다. 플린트는 이제 가장 중요한 다섯 가지 목표로 구성된 목록과 덜 중요한 스무 가지 목표로 구성된 목록을 가지게 되었다.
>
> **플린트**: 아! 이제 당장 해야 할 일이 뭔지 알겠습니다. 가장 중요한 다섯 가지에 집중하겠습니다.
>
> **버핏**: 그럼 동그라미 치지 않은 나머지 목표들을 어떻게

할 것인가?

플린트: 동그라미 친 다섯 가지 목표들에 가진 시간의 대부분을 투자하고, 나머지 스무 가지도 놓칠 수 없으니 시간이 날 때마다 틈틈이 노력해서 이루어야겠죠?

버핏: 아닐세. 그게 아니야. 자네는 지금 실수하고 있는 거야. 자네가 동그라미를 친 다섯 가지 목표 외의 목표들은 피해야 할 목표들이야. 자네가 가장 중요하다고 생각하는 다섯 가지 목표를 전부 달성하기 전까지는 나머지 스무 가지 목표들에 대해서는 절대 어떤 관심도 노력도 기울여선 안 되네.

이 일화가 말하는 것은 많은 목표를 가지지 말라는 것이다. 모든 일을 잘해내기란 절대 쉽지 않다. 그렇다면 당신이 40대에 인생을 바꿀 수 있는 중요한 다섯 가지가 무엇일까? 혹시 스물다섯 가지 일만 벌려 놓거나 중요하지 않은 일에 시간과 힘을 낭비하고 있다면, 그것이 당신이 진정으로 원하는 목표를 이루지 못한 이유일 수도 있다.

40대 인생이 바뀌기만 기다리지 말고 중요한 것 다섯 가지 목록으로 골라보자. 플린트의 스물다섯 가지 목록에서 스무 가지를 지우고 단순하게 다섯 가지에 집중하는 전략이 필요하다.

나도 40대에는 답답했다. 오히려 지금 50 중반인 지금이 평온하다. 그때를 뒤돌아보면 만만치 않은 시간이었다. 영업실적과 보고서에 치였고 결과적으로 모두 극복했지만, 혹시라도 그때 만족했었냐고 묻는다면 그 말에 자신감이 없다. 15년 전으로 거슬러 올라가 보면 정확히 나이 40에 첫 실직을 했다.

2001년 14년간 근무했던 LG이노텍에서 퇴사를 했다. 미국 제니스 사와 셋톱박스 사업 투자를 했으나 시장이 활성화되지 못해 사업을 접어야 했다. 실제로 IMF 이후 경기가 썩 좋지 않은 생황이라 재취업 분위기도 안 좋았고, 재취업에 그렇게 적극적이지도 않은 무덤덤한 상태로 좀 쉬고 싶었다. 간간히 연락 오는 곳도 있었지만 보류하고, 당시에 신 유통 채널로 TV홈쇼핑이 한창 떴고, GS홈쇼핑(LG홈쇼핑)에 케이블TV방송 경력사원 입사지원서를 전달했다.

그렇게 지내는 동안 집안에 어려운 일이 생겼다. 초등학교 1학년인 둘째가 다리에 이상이 생겼다. 평소 둘째는 해병대라는 별명도 있는 활발한 아이였다. 오죽 잘 뛰어 놀았으면 동네 아주머니들이 그런 별명을 붙여줄 정도였다. 하루는 같이 공원에서 놀고 집에 돌아가는 길에 아이의 뒷모습을 보니 다리를 약간 절었다. 평소하고 달라 옷을 베끼고 다리를 살펴봤다. 엎드려 보고 눕혀 보고 하다가 동네 병원에 가니 고관절에 의심이 간다며, 큰 병원으로 가라고 했다. 담담하게 소아 고관절 명의로 알려져 있는 고려대 구로병원 이석현 교수를 찾았다. 이 교수는 원인은 모르지만 최근 소아 고관절이 많아지고 있다고 했다.

아이는 수술을 했고, 나는 아들과 병원에서 보냈다. 한 여름에 허리까지 깁스를 한 아들은 잘 견뎌주었다. 때때로 답답하고 간지러워서 깁스한 속을 긁어달라 했다. 깁스 사이를 가느다란 나무로 살살 긁어주면 조금은 좋아라 하고 웃었다. 조금 지나면 다시 또 가렵다고 한다. 이렇게 나의 첫 실직은 아들과 병원에서 지냈다. 아마 아들을 옆에서 잘 보살피고 지키라는 신의 선처였던 것 같다.

1987년부터 근무한 LG이노텍은 일본과 50:50 합자 회사로 시작하여 지금은 혁신적 핵심원천기술을 보유한 글로벌 소재부품 회사가 되었다. 나는 가전 셋트메이커의 납기 독촉과 매출을 동시에 해결해야 하는 영업사원으로 근무했는데, 전자부품 납기는 한 달에도 몇 번 바뀌는 것이 보통이다. 바이어의 납기에 쫓기면 부품회사는 잔업, 특근으로 세트메이커 라인을 안 세우려고 발버둥을 쳤다. 사업부와 생산계획 일정변경을 위해 생산현장에 가서 반장들에게 잔업을 요청하는 일이 수시로 있었다. 생산 현장의 반장, 직장들의 파워가 하늘을 찔렀다.

"그래. 오늘 튜너 에어로 2,000개, 내일 아침에 1,500개, 오후에 1,500개, 파샬로 3,000개 맞춰줄게."

"형님, 고마워. 다음에 소주 한잔 살게."

납기 문제가 생기면 광주공장, 양산공장을 밥 먹듯이 출장을 갔다. 그러면 생산부서 요원들도 영업사원을 보고 잔업을 2~3시간 해주기도 했다.

LG이노택 인사제도 중 대리 승진에 논문 통과가 필수였다. 밤새 논문 자료를 찾고, 직접 전동타자를 친 기억이 또렷하다. 지금도 대리승진 논문 원본을 소장품으로 귀히 보관하고 있다. 1988년 작성한 36페이지의 논문 내용을 보면서 전자산업을 폭넓게 보려는 흔적과, 전 세계 TV 수요, 트렌드, 기술적 관점, 시장점유율 확대를 위한 전략 등이 쓰여 있다.

그런 직장을 14년 만에 그만두게 되었으니 거기다 아이가 병원에 입원하여, 집사람은 정신이 없었다. 실직한 남편을 위로할 수도 없고, IMF 전 잘못된 투자로 전 재산은 대출 없는 집 한 채뿐이었다. 어수선한 집안에 첫째인 딸은 항상 어른스럽게 잘 커줬다. 아내는 다람쥐처럼 하루 열서너 집 아이들을 가르치러 나갔다. 소득이 절실한 아내는 1인 3역을 해냈다.

아이는 그 후 잘 커줬다. 군대도 다녀오고 지난겨울 방학에는 친구들과 강원도 오크밸리에 스키 타러 가고, 보건복지부에서 부관하는 72개 대학 동아리 회장단 모임 워크숍에서 발표도 하면서 적극적으로 사회 경험을 쌓아나가고 있다. 금년에는 학교 '절주동아리' 회장을 맡았다는데 절주는 잘 하고 있는지 궁금하다. 가끔 한잔한다는데 혹시 절주 명분으로 매일 술을 먹고 있는 것은 아닌지…….

나는 2001년 1월에 기다리던 한 통의 전화를 받았고, GS홈쇼핑에 팀장으로 출근을 하게 되었다. 이후 GS울산방송 본부장까지 10년을 근무하게 됐다. 그곳에서 인생 퀀텀 점프를 위한 직장 생활의 꽃을 피웠다. 2001년도 대학생이 제일 입사하고 싶어 하는 기업 1위로, 미국 최대 TV홈쇼핑사 'QVC'에서 벤치마킹 오는 당대 실력 있는 인재들이 모두 모였었다.

우리 팀은 전국에 있는 방송국 영업, 소위 미디어 플랫폼 마케팅을 담당했다. 내가 맡은 미디어마케팅팀은 국내 모든 케이블TV, 위성방송 사업자가 고객이었고, TV홈쇼핑은 매출경쟁으로 지상파 사이 채널확보전이 뜨거웠다. CJ홈쇼핑과 몇 년을 그야말로 전쟁을 치렀다. 경쟁사는 우리 턱 밑까지 따라와 항상 새로운 전략을 필요로 했지만, 재직기간 내내 1위 홈쇼핑을 지켜냈다.

나의 40대는 이렇게 다시 부활했다. 운명이 다시 한 번 바뀌었다. 40대에는 자신을 넘어서는 계기가 꼭 마련된다.

> 모든 일을 잘 해내기는 쉽지 않다. 스물다섯 가지를 벌려 놓으면 진정으로 원하는 목표를 이루지 못할 수 있다. 목표를 줄여라.

1년만 꾹 참자

40대가 되면 때때로 삶의 권태가 오기도 한다. 실직을 경험하는 일도 찾아온다. 사업을 시작하기도 하고, 소상공인으로 독립도 시도하는 시기이다. 그래서 나쁜 습관, 안 좋았던 관계, 낡은 사고 등 쌓인 찌꺼기들을 한번쯤 청산해야 한다. 당신의 새로운 미래에는 새로운 생각, 새로운 공부가 필요하다.

고도성장기와 같이 수요가 넘치는 시장은 앞으로 없다. 동일 업종, 동일 직무에서 제대로 변하지 않으면 낙오한다. 이제 40대는 인생 나침판을 제대로 설정하고 새로운 미래 청사진을 그려야 한다.

10년 후 대한민국의 모습은 어떨까? 한국은행은 대한민국 경제잠재성장률을 2015~2018년 3.0%~3.2%로 추정하고 있다. 민간 경제연구소와 일부 학자들 중에는 이미 잠재성장률을 2%

대로 보고 있기도 하다. 이 상황이라면 저성장 고착화 가능성이 짙다. 잠재성장률이란 물가상승을 촉발하지 않고 자본과 노동 등의 생산요소를 모두 투입해 달성할 수 있는 성장률로 국가경제의 중장기 성장 추세를 설명하는 데 사용된다. 잠재성장률을 높이기 위해서 기댈 곳은 생산성 향상을 통한 방법밖에 없다. 그래서 정부가 '노동, 교육, 공공, 금융' 등에서 구조개혁과 서비스산업 발전을 강조하고 있는 이유가 바로 여기에 있다.

그럼 구조개혁이라는 것은 좋은 것일까? 나쁜 것일까? 구조개혁이 왜 필요한지는 구조개혁의 원조로 평가하는 영국의 마거릿 대처 수상의 구조개혁을 참고 할만하다. 영국은 1970~1980년대에는 사회주의 열병에 한창 만연되어 있었다. 이 무렵 정권을 잡은 대처는 수상직을 세 차례 역임하면서 구조개혁을 통해 영국병에 찌든 영국을 시장경제국가로 바꾸어 놓았다. 그래서 마거릿 대처는 280여 년 동안에 배출된 56명의 수상 가운데 이름 다음에 'ism(주의)'이 붙는 유일한 수상이다.

당시 영국은 사회주의 열풍으로 계속된 국유화로 공공부문의 팽창과 비효율로 적자에 허덕이는 공기업에 세금을 보조해야 했다. 이에 마거릿 대처는 1979년 총선거에서 '영국경제의 두 가지 큰 문제는 국유기업의 독점과 노동조합의 독점'이라고 외쳤고 수상이 된 대처는 구조개혁을 과감하게 추진했다. 대처 수상의 민영화정책이 성공을 거두자 이는 전 세계로 '수출'되었다.

최근 뜨거운 감자로 떠오른 것 중에 사회적 이슈인 대학의 구조개혁을 들 수 있다. 학령인구 급감에 급기야 대학정원이 대입 수험생보다 많은 사태가 눈앞에 다가오면서 선제적 구조 개혁 조치로 교육부는 2015년부터 대학평가 결과에 따라 등급화 한 후 지원 축소, 정원 축소를 유도한다.

2016년도 처음으로 전국 298개 대학 중 약 22%의 대학이 국가장학금 및 학자금 대출 등 재정지원에 제한을 받게 되며, 대학의 구조개혁 신호탄이 쏘아 올려졌다. 이제 대학은 스스로 구조개혁을 게을리 하면 정부에서 퇴출을 밀어붙일 판이다.

중국은 15억 인구의 안정적인 경제안정을 위한 구조개혁 캐치프레이즈로 2020년 이른바 '소강(小康; 중산층)' 사회 실현을 목표로 하고 있다. 성장둔화가 특징인 '신창타이(新常態; 고도성장기를 지나 안정성장기를 맞이하고 있다는 뜻의 중국식 표현)' 시대에 맞춰 구조개혁을 진행하며 2020년 모든 국민이 편안하고 풍족한 생활을 누리는 사회 건설을 목표로 정했다. 따라서 2020년 GDP 총액은 2010년의 두 배가 되도록 하기 위한 구조개혁을 시작했다고 본다. 구조개혁은 적어도 5년, 10년 후를 겨냥한 의사결정으로 당장은 고통이 뒤따르지만 구조 개혁의 필요성이 역사적으로 필연적이었다.

대부분 40대 직장인은 자기실현의 방편으로 현 직업에 충실하고 있다. 정작 필요한 자신의 인생에 대한 문제는 일단 뒤로 밀어놓고 파도에 떠다니는 해초처럼 회사에 모든 것을 맡긴 채 그냥 현실에 충실했다면 이제는 10년을 내다보고 자신의 인생

좌표를 확인해야 한다. 내일을 나 몰라라 하기에는 지금 1년의 시간이 요긴한 시간이다.

직장인은 안정을 추구하는 습성으로 자신의 미래에 대한 모험보다는 현재의 안전선 밖의 두려움이 앞선다. 따라서 자기 성장의 모멘텀을 다양한 채널로 갈고 닦아야 하는데, 혹시라도 뜻하지 않던 일이 일어났을 경우 현재의 생활에만 갇혀 있다면 대응이 힘들 수 있다. 일정한 대안이 준비되고 있는지, 적어도 그런 방향으로 가고 있는지 생각해 볼 필요가 있다. 일정한 대안은 기회의 범위, 즉 자신의 경험, 인맥, 자기계발 등이 포함된다.

찰스 다윈은 '가장 오래 산 사람은 나이가 많은 사람이 아니고, 많은 경험을 한 사람이다'라고 했고, 헬렌 켈러는 '그대의 얼굴을 양지쪽으로 돌려라, 그러면 당신은 그림자를 볼 수 없게 되리라'라고 했다.

40대는 노후와 연결된 가장 중요한 시기이다. 그래서 노후까지 고려한다면 그림자를 피하는 방향으로 세 가지 개혁을 염두에 두고 관리해야 한다.

① 늦게까지 일할 수 있는 바탕을 만들어 놓는 것이다. 자기계발과 밀접한 관련이 있다.
② 건강을 잘 관리하는 것이다. 병원안가고 약 안 먹는 것은 큰 경쟁력이다.
③ 세 가지 비용(자녀교육비, 차량유지비, 통신비)을 줄이고 가

계부채를 줄인다. 금리가 낮아져도 빚을 무섭게 생각
하여야 한다.

40대의 투자 성향을 잠시 이야기 해보자. 보통은 어려울 때 일수록 투자를 신속하게 결정한다. 자신이 당장 어려운 상황을 벗어나는 고수익 투자로 그 상황을 벗어나야 한다는 강박으로 의사결정이 신속해진다. 왜냐하면 그 목표만 생각하니까 평상시 보수적인 사람도 그 상황에서는 전후좌우 생각하지 못하고 신속해 지고, 그래서 결과는 대부분 안 좋다. 보수적이던 사람도 순간적으로 마음에 변화가 올 수 있다.

어느 정도 공감을 할 것이다. 나도 여러 번 경험했다. 인간의 심정은 도긴개긴 아닌가? 그래서 40대는 투자 시 의사결정은 빠를수록 나쁘다. 나의 실패담을 소개하고자 한다. IMF 전 김포에 아파트에 투자를 해서 망했고, 결혼 몇 년 차에는 서인천 IC에 있는 상가에 투자해서 망했다. 투자금액의 80% 정도를 손실해서 그 충격이 컸었다.

한번은 신문광고 기획부동산의 꼬임에 속아 충청북도 단양에 있는 땅을 보자 해서 통장에 200만 원을 보내고 그 지번을 보러 간 일이 있다. 주소를 받아 적었고, 그곳에 가면 밭에 호두나무 두 그루가 보인다고 했다. 사람이 사는 인근 야산이라고 생각하고 찾아간 곳은 외길 산속으로 약 2km 정도 절벽 따라 올라갔고, 이미 중간에서 차를 돌릴 수 없는 깊은 산속이었다.

호두나무 두 그루를 보고 와서 간신히 200만 원을 돌려받았다.

이런 실패 경험을 한 사람은 주변에 아주 많다. 고도 성장기에 주식이나 부동산 가치를 따라가다 나처럼 상투를 잡거나, 원금을 날린 사람들은 어디 가서 말을 못한다.

주식투자 결과도 형편없다. 경제를 알아야 하는 명분도 있었고, 경제신문 분석전문가의 한국 주식의 저평가 역설과 중국 펀드로 돈 벌던 시기에는 좀처럼 성인군자라도 주식에 무관심하기 힘들 때가 있다. 아마추어는 주식을 사면 단기적인 변동에 불안해지면서, 오르면 떨어질 것이 불안하고 떨어지면 원금 생각에 불안하다. 그래서 주식을 사는 순간 정리할 때까지 불안이 연속된다. 그래서 나는 신경 쓰인 것에 비하면 훨씬 마이너스였다. 결론적으로 투자 의사 결정은 빠를수록 결과가 나빴다는 것이다.

나는 대학원에서 경제학 공부를 했고, 경제에 관심이 많지만 주식 투자 관심은 접었다. 내 친구 중에 강남 타워펠리스 H사 증권회사 지점장 이야기가 생각난다. '개인은 주식을 직접 하면 안 돼.' 그만큼 주식은 어렵다고 한다. 내가 아는 상식으로는 주식시장에서 가장 중요한 것은 돈의 흐름인데 미국이 돈을 주도하고 있었다. 그렇지만 2008년 미국 경제 신뢰도에 심한 상처를 받았다. 파생금융상품 모기지론 부작용으로 리만브라더스의 파산은 증시가 마비되기도 했다. 소위 말하는 IB(Invesent Bank; 투자은행)들의 보이지 않는 손과 민감해진 글로벌경제로 주식시장은 점점 예측하기 어렵게 되고 있다. 지금 40대는 재테크에 정말 신중해야 한다.

시카고 선타임즈 저널리스트를 지낸 'J. 하비스'는 '승자는 시간을 관리하며 살고 패자는 시간에 끌려 산다. 승자는 시간을 붙잡고 다니며 패자는 시간에 쫓겨서 달린다'라고 했으며, 독일 시인 '에센바흐'는 '시간을 지배할 줄 아는 사람은 인생을 지배할 줄 아는 사람이다'라고 했다.

그렇다. 지금 1년은 10년 전의 10년에 가까운 시간의 속도다. 그래서 지금 1년을 유용하게 활용하면 나를 변화시키기에 충분하다고 본다. 1년만 꾹 참고 원하는 새로운 목표를 위해 스스로 변하는 시간을 만들어 가는 자, 위대한 시간설계자가 되어야 한다.

> 이제는 10년을 내다보고 자신의 좌표를 확인해야 한다. 내일을 나 몰라라 하기에는 지금 1년의 시간이 너무나 요긴한 시간이다.

더는 포기라는 말을 쓰지 마라

　미국의 사실주의 작가 '해리엇 비처 스토우'는 포기를 이렇게 극단적으로 이야기했다. '힘겨운 상황에 처하고 모든 게 장애로 느껴질 때, 단 1분도 더 버틸 수 없다고 느껴질 때, 그때야말로 포기해서는 안 된다. 바로 그런 시점과 위치에서 상황은 바뀌기 시작하니까.' 1분도 더 버틸 수 없는 시간이라 함은 마지막 단계에서 한 발짝만 더 나가면 얻을 수 있는 결과를 대부분 사람들은 그 단계에서 포기한다는 말이다. 이렇게 포기를 몇 번 하다 보면 실제로 본인이 원하는 목표에서 점점 멀어지는 것이다.
　예술가 미켈란젤로는 바티칸공화국 시스티나성당의 〈천지창조(Genesis)〉를 그린 천재미술가이다. 그는 1508년 교황 율리우스 2세는 미켈란젤로에게 4년 만에 〈천지창조〉를 완성하라는 명이 받았다. 그는 성당 천장 밑에서 발판에 꼬박 누워서 천장에 물감을 칠해나갔다. 고된 작업으로 인해 목과 눈에 이상이 생기기도 했지만 500평방미터의 천장 전체에 300명 이상의 인물을 포함하는 창세기에 나오는 9개의 이야기를 완성했다.

 언젠가 그곳에 여행간 일이 있었다. 미켈란젤로의 〈천지창조〉를 감상하기 위해 긴 줄을 섰고, 인파와 함께 나도 그 그림 앞에 섰다. 전 세계에서 온 여행 인파 속에 묻혀 수백 명이 동시에 〈천지창조〉를 감상했다. 방대한 그림의 양을 보며 미켈란젤로가 무슨 생각을 하면서 그림을 그렸는지, 그림을 그릴 때 고통을 어떻게 극복했는지, 완성된 작품을 본 그의 심정은 어땠는지 수많은 생각이 스쳐지나갔다.

 정신 못 차리고 천정에 있는 그림을 좀 자세히 보려는 사이, 그곳에서 나는 일행과 헤어져 길을 잃어버렸다. 500년 전으로 되돌아갔다가 현실로 돌아오는 시간이 꽤나 길었나 보다. 간신히 30여 분만에 일행을 만나서 손을 흔들었지만 모두 눈살을 찌푸렸다. 천장에 4년간 누워서 그린 미켈란젤로 그림을 만나며 경이로움의 시선에 빠져 생긴 에피소드이다.

 미켈란젤로의 마지막 유언은 '이제야 조각의 기본을 조금 알 것 같은데 죽어야 한다니……'였다고 전해지고 있다. 그는 자기 작품의 완성을 위해 정성을 다했을 것이다. 어떤 예술가도 마찬가지겠지만 자신의 혼과 손길이 들어간 작품에 몰두하며 이번이 마지막이라고 생각을 한다고 한다. 문학도 음악도 책을 쓰는 일도 비슷할 것이다. 자신의 이름을 걸고 시작한 일에 대한 책임감 때문에 포기를 할 수가 없다. 우리도 중요한 인생의 결심을 할 때는 '마지막이다'라고 다짐하고 스스로에게 책임을 어느 정도 부과하는 것이 포기를 극복할 수 있는 방법인 것 같다.

나는 이 책을 집필할 때 출간제안서 20장을 출판사에 제출했고, 별도로 몇 장의 기획서를 만들었다. 책의 차별화, 콘셉트, 독자에게 주는 핵심메시지, 편집진과의 커뮤니케이션 방향, 스케줄 등 전략기획서를 만들었다. 기획서 앞에는 이런 말을 썼다. '나에게 제대로 된 책이 아니면 죽음을 달라!' 밤 1시, 2시까지 글쓰기는 기본이다. 또 한 가지는 책을 마음속 뼛속까지 느끼고 써야 한다는 간절한 마음에 바닥에 책을 깔았고, 책 위에서 잠을 자면서 쓴 책이다. 당연히 책으로 베개를 삼았다. 이 책을 세상에 내놓으려는 의지가 독자에게 조금이나마 전달되었으면 좋겠다는 생각이다. 이 책의 탄생은 절대 포기하지 않으려는 저자의 몸부림 하나만으로도 충분히 책의 가치가 있다고 생각한다.

제1차 세계대전에 참전했던 소설가 '스콧 피츠제럴드'는 '한 차례의 패배를 최후의 패배로 혼동하지 마라' 했고, 세계적인 성공학 연구자 '나폴레옹 힐'은 '패배가 찾아왔을 때, 가장 논리적이고도 쉽게 취할 수 있는 조치는 포기다, 그것이 바로 대다수의 사람들이 취하는 조치다'라고 하며 대다수 사람이 지속적으로 과거의 틀에서 못 벗어나고 있다고 지적한다.

현대그룹창업자 '정주영' 회장이 끝까지 포기하지 않는 대표적인 성공의 위인이다. 정 회장은 농부가 되기 싫어 어릴 때 가출을 하여 함경북도 청진 공업단지로 갔었고 결국 차비가 부족해 원산 근처의 고원이란 곳에 도착해 그곳 탄광촌 근처에서 철도공사장에서 막노동을 했다. 이런 가출 경험을 4번이나 하며, 쌀가게 직원, 공사장 인부, 항만 노동자 등 안 해 본 일이 없었다.

그는 '자기 자신이 열심히 절약하고 모으면 우선 큰 부자는 못 되어도 작은 부자는 될 수 있다'는 신념을 가지고 결국 창업을 하여 자동차, 조선, 건설사를 세계적인 기업으로 만든 포기하지 않는 승부사였다. 만약 아산이 중간에 포기했다면 어떻게 되었을까? 그의 원대한 꿈은 물거품이 된 것은 당연하고 대한민국 경제 지형도 완전히 달라졌을 것이다. 아산 신화 중에는 이런 이야기가 있다.

"중동은 1년 내내 비가 오지 않아, 쉬는 날이 없어 공사기간을 단축할 수 있고, 낮에는 더우니까 자고 공사는 밤에 하면 됩니다. 공사할 땐 모래가 있어야 콘크리트 시멘트를 만드는데 깔린 게 모래니 좋습니다. 물은 유조선을 만들어 빈 탱크에 가득 실어 나르고 한국으로 돌아올 때는 석유를 담으면 됩니다."

어이없는 이야기로 들리지만 70년대 중반 오일쇼크로 국가경제가 위기에 처했을 때 오히려 '중동의 오일머니를 우리가 벌어야 한다'고 중동 건설에 나서며 박정희 대통령과 나눈 대화 내용이다. 그의 '긍정적인 사고방식'을 한눈에 알 수 있다. 그의 열정, 역발상, 추진력은 대한민국에 거금의 달러를 쥐게 했다. 자원과 기술이 부족했지만 포기하지 않고 달러가 있는 곳에 달려가 선구자로 역사를 만들었다.

나의 첫 직장은 현대자동차 울산공장이다. 액셀, 프레스토, 그레이스와 상용차의 전기장치를 설계하는 상용차체설계부 CAD업무를 했다.

1986년 받은 초임은 32만 원이었고, 지금도 30년 된 빛바랜 급여 봉투를 고이 보관하고 있다. 나는 당시 경포대 신입사원 하계연수에서 정주영 회장과 함께 모래사장에서 뛰고 씨름을 했던 기억이 난다.

이후 30년 지난 2015년 여름 세계 2대 옥외광고 명소로 꼽히는 영국 런던 피커딜리 서커스 광장에서 만난 현대자동차 전광판 광고를 지켜본 감회가 남달랐다. 유럽의 브랜드카 벤츠, 아우디, 폭스바겐, 푸조와 나란히 런던, 파리, 로마, 프랑크푸르트에서 달리는 현대자동차를 보며, 아산 정주영 회장의 하계연수 씨름하는 모습이 떠올랐다.

영국의 시인 '새뮤얼 존슨'은 '위대한 업적을 이룬 것은 힘이 아니라 불굴의 노력이다'라 했고, 도가의 창시자 '노자'는 '다른 사람들을 정복하는 사람은 강한 자지만, 자기 자신을 정복하는 사람은 위대한 자다'라고 이야기했다.

인생은 자기 자신과의 싸움이라고 전해 내려오는 이야기가 의미 있게 느껴진다. 새로운 길로 가면 항상 기대 이상의 에너지를 얻는다. 이제 그 길을 가기 위해 스스로 결단하고 실천하는 몫은 자기 자신의 몫이다. 작은 것을 무시하고 항상 큰일만 생각하고 요행만 기다리고 있었다면, 이제 작은 것을 우습게 보고 미루지 말고, 포기라는 말을 최대한 사용치 않는 것이 맞다. 몇 가지를 끝까지 포기하지 않고 자신을 정복하는 사람, 당신이 그 위대한 사람이 될 것이라 믿는다.

> 인생의 중요한 결심을 할 때에는 '마지막이다'라고 스스로에게 책임을 부과하는 것이 포기를 극복할 수 있는 방법이다.

무채색 인생에 색깔을 입혀라

 모르는 사람과의 만남에서 첫 인상은 매우 중요하다. 몇 번만 만나도 그 사람의 이미지가 형성되어 있고, 그 사람의 색깔을 우리는 기억하고 있다. 침착하다거나, 따듯하다거나, 느리다거나, 매너가 세련됐다거나 어쨌든 첫 인상 하나만으로도 내가 어떤 사람인지 상대방에게 평가를 받게 된다.
 나는 우리나라에서 가장 강력한 색깔로 '서태지'와 '박세리'를 꼽고 싶다. 나는 시대정신을 왜곡하거나 과장하고 싶지 않고, 그저 오랜 시간 국민에게 사랑을 받고, 힘이 되어준 것 하나만으로도 충분히 칭찬 받을 일이라고 생각한다.
 먼저 문화대통령 서태지는 대한민국 1인당 국민소득이 1만~2만 달러 시대의 문화 화신이었다. 그의 위력은 그야말로 문화융성국가의 가능성을 보여준 장본인으로 볼 수 있다. 당시 대중음악 코드가 바뀌었고 스타 위에 스타로 온 국민이 그의 새로운 음악세계에 열광했다. 그의 노래들은 음악작업에서 정해진 룰을 따르지 않고, 간단한 구성을 가진 곡이 별로 없어서 음악이 쉽게 질리지 않고, 길거리에서도 '난 알아요'와 '환상속의 그대'를 자연스럽게 따라 부르게 됐다.

세계적 인터넷 잡지 〈뮤직 매거진〉의 '케빈 베이컨'은 리뷰에 '탱크를 듣고 나서 내용이 믿기지가 않는다. 저건 분명히 미국인이 작곡한 거라고 생각했는데……. 음악이 도저히 동양사람 수준이 아니다. 이걸 어떻게 해석해야 하는지 모르겠다. 콘류의 음악이지만 갑자기 기복이 있는 그루브한 사운드가 멋지다'고 극찬을 아끼지 않았다.

그는 극한의 실험 정신으로 그만의 색깔 있는 음악세계를 만들어 냈고, 신비주의자로서 칼라가 더 매력적이었던 것 같다. 커피 애호가들은 각각의 커피를 통해 다른 향과 맛을 구별해 내 즐긴다는데 아메리카노, 헤이즐넛 커피밖에 모르는 아마추어라도 맛이나 향, 바디감에 따라 좋은 커피가 분명히 존재하는 것과 같이 서태지의 맛과 향, 색깔은 마니아들이 찾는 커피 중에 커피이다.

서태지 파급 영향력은 많은 뮤지션, 아티스트에 일대 혁명으로 이어지며, K-pop이 전 세계 젊은이들에게 사랑받는 데 계기가 됐다고 볼 수 있다. K-pop, 엔터테이먼트 사업가로 성공한 YG엔터테이먼트 양현석 대표는 서태지와 아이들 전 멤버로

K-pop을 이끌어 가고 있다. 양 대표의 사업 원천도 그 시간으로 거슬러 올라가 볼 수 있다. 그는 작곡, 사운드 엔지니어, 드럼이 가능한 노력파로 서태지와 함께 자기만의 색깔을 만들어 나갔으며, 오디션 방송프로그램에서 말솜씨까지 검증 받으며 사업가로 대 성공을 하였다.

골프 여왕 '박세리'는 1998년 온 국민이 국제통화기금(IMF)의 수렁에 어려움을 겪고 있을 때 불모지나 다름없던 미국여자프로골프(LPGA) 투어에 뛰어들어 국민에게 크나큰 힘을 실어주었다.

20세가 된 1996년 처음으로 미국에 건너가 1998년 LPGA 투어에 첫 참가한 그는 US여자오픈에서 '맨발 투혼'을 불사르며 우승컵을 들어 올리며, 당시 최연소 LPGA 우승 기록을 세웠다. 해저드에 맨발로 들어가 샷을 하던 모습은 아직도 생생하게 기억에 남아있다. 그는 LPGA 무대에서 메이저대회 5승을 포함해 통산 25승을 거두고 있고, 아시아인으로는 최초로 LPGA 명예의 전당에 입회했다.

지금 LPGA 투어에 활약하고 있는 한국 여자선수들은 대부분 박세리의 US여자오픈 우승 모습을 보고 골프를 시작한 '박세리 키즈'와 그 동생들이다. 박세리 선수가 없었으면 그들의 멋진 샷을 텔레비전에서 즐기기 어려웠을 것이다. 박세리의 1998 US오픈 이후 대한민국의 여자골프는 세계 최강을 계속 이어가고 있다. 그중 박인비 선수는 박세리가 마지막까지 아쉬워했던 커리어 그랜드슬램을 아시아인 최초로 들어올리기도 했다.

또한 최나연 선수의 한마디가 박세리 선수의 존재를 말해주고 있다. '박세리는 한국에서 전설이자 개척자이고, 사람들은 우리를 박세리 키즈라고 부른다.' 그의 키즈 중에는 '박인비, 신지애, 최나연, 유소연' 모두 LPGA 챔피언이다. 이른바 '박세리 키즈'가 본격적으로 등장하면서 LPGA는 한국계 낭자들이 세계 여자 골프 역사는 써 내려 가고 있다 해도 과언이 아니다.

골프는 선진국 스포츠로 대한민국의 국가 위상과 국가 브랜드에 지대한 홍보효과를 거두고 있다. 스포츠 강국은 경제 강국이라는 등식이 뒤따르는데 여자 골프는 당분간 대한민국 낭자들이 끌고 나가면서 대한민국 여성의 세련된 이미지, 강한 이미지를 낭자들이 멋지게 이어 나갈 것이다.

골프는 1904년 세인트루이스 대회 이후 112년 만에 정식종목으로 채택되어 첫 금메달에 관심이 집중되고 있는데 그는 2016 리우올림픽 여자골프대표팀 감독으로 그를 보고 꿈을 키워왔던 박세리키즈를 포함, 4명의 선수들을 이끌고 금메달 사냥에 나서게 된다.

대한민국의 금메달 가능성은 객관적으로 50% 선이다. 왜냐하면 세계여자골프 랭킹 15위 안에 반 이상이 한국선수이지만 한 국가 당 최대 출전인원이 4명으로 제한되어 있는 점이다. 강력한 우승 후보 중 한 명인 뉴질랜드 골퍼 '리디아고'도 한국계이다.

초등학교 시절인 어린 나이에 캄캄한 훈련장에서 새벽 1~2시까지 혼자 남아 피나는 훈련을 하며, 스스로 세계 최고가 되기 위해 쉬는 날도 없이 샷과 퍼팅 훈련을 받은 것으로 알려진 박세리 선수와 그 키즈들에게 파이팅을 외치고 싶다.

사람을 움직이는 능력이 뛰어나 세계 최초로 연봉 1백만 달러 이상을 받은 '찰스 슈왑'은 '인간에게 개성이란 꽃의 향기와 같다'는 이야기 남겼는데, 자기 일에 꽃을 피운 서태지와 박세리의 개성과 멋도 그렇다고 본다. 그들의 향기는 여전히 진하고 아름답다.

자신의 색깔을 만들라는 이야기보다는 가꾸라고 제안한 것도 색깔, 이미지는 하루아침에 만들어지는 것이 아니기 때문이다. 나의 가치를 싸구려 상품 다루듯이 포장하고 대충 한다면 당신의 가치는 아주 낮게 느껴질 것이다. 물론 자신을 그 정도 밖에 대우 못한다면 타인도 당연히 그 정도 인정할 것이다. 직장이면 직장, 자영업이면 자영업, 사업가는 사업가대로 자신의 이미지를 가꾸고 자신만의 색깔을 지속적으로 가꾸어 나가야 한다.

특히 자기 이야기만 하는 사람, 약속 시간에 꼭 늦는 사람, 옷에서 땀내가 나는 사람을 상대가 호감형이라 말할 수 있을까? 나의 색깔이 싸구려 색깔로 평가 받는다면 이번 기회에 세련된 색깔로 바꿔보자.

요사이 해외에서도 색깔이 멋진 40대 정치가가 뜨고 있는 추세이다. 미국 권력 서열 3위로 미국 정치사 124년 만에 40대 하원의장으로 선출된 46세 '폴 라이언' 의장은 몸짱에 조각 미남으로 꼽히고, 캐나다에서 45세의 참신한 이미지와 쾌활한 성품의 '쥐스탱 트뤼도' 총리는 한때 '세상에서 가장 섹시한 정치인'으로 부각됐었다.

영국에선 44세 재무장관 '조지 오즈번'은 스타워즈의 광선검을 여러 개 보유하는 재미있는 취미가 있고, 42세 그리스 총리 '알렉시스 치프라스'는 노타이 패셔니스트로 한때 오토바이를 즐겼다. 청바지 차림으로 경차를 몰고 출근하며 깨끗한 정치를 선보이는 40세의 '마테오 렌치' 이탈리아 총리, 자전거로 출퇴근하는 총리로 유니레버 출신 특유의 깔끔한 이미지의 48세 네덜란드 총리 '마르크 뤼터'가 카메라를 점령하고 있다.

이처럼 40대 정치인들의 급부상은 젊은 카리스마와 신선한 감각으로 대중들의 지지를 받고 있다. 소통력과 흔들리지 않는 돌파력을 발휘하면서도, 단란하고 따뜻한 이미지는 포기하지 않는 점도 유사한 공통점이다.

프랑스 사상가 '라 로슈푸코'는 '잘난척하는 멋이 없다면 인생은 조금도 즐겁지 않다'고 했다. 그렇다고 너무 잘난척한다면 안 되겠지만 '저 잘난 맛에 산다'는 노래가 있듯이 잘난척하는 면이 없다면 절망과 좌절이 클 수 있다는 것으로 우리가 살아가면서 일정 부분 홍보도 필요한 시대에 살고 있다.

색깔(이미지)도 노력에 의해 어느 정도 좋게 만들어질 수 있고, 그 색깔로 자신의 가치를 높일 수 있다. '누군가 언젠가 나를 알

아주겠지' 하며 한없이 기다리면 누가 알 수 있을까? 그래서 지나치지 않은 홍보는 하자.

> 색깔, 이미지는 하루아침에 만들어지는 것이 아니다. 나를 싸구려 상품 다루듯이 포장하고 대충 한다면 당신의 가치는 아주 낮게 느껴질 것이다.

성공의 비밀은 정직과 원칙이었다

_ 한경희

한경희 대표의 첫 직장은 스위스 로잔의 국제올림픽위원회(IOC) 본부였다. 1986년 스위스 제네바 공항에 내려 부푼 꿈을 안고 로잔의 IOC 본부로 당당하게 향할 때만 해도 현재의 제조업 CEO와의 연관성은 없었다. 대학 시절 외국어 공부에 매진했던 고생이 IOC에서 결실을 보는 듯 했다. 그러나 주어진 업무환경에 최선을 다했지만 틀에 박힌 일상이 반복된 나머지 발전 가능성이 크게 없다고 느끼고 1988년 서울 올림픽을 앞두고 사표를 던졌다. 부서장은 곧 한국에서 올림픽이 개최되니 할 일이 많을 것 같다며 만류했지만 그의 생각을 바꾸지는 못했다.

바로 미국으로 건너간 그는 호텔리어, 부동산회사, 유통업체 등 다양한 도전을 했으며, 그 경험으로 인하여 사업자들의 노하우를 익힐 수 있었다. 성과를 내기 위한 아이디어와 문제를 해결하는 데 인정을 받지만 그는 스스로 만족하지 못했다. 한시도 대충 건너뛴 일이 없지만 그가 한 일에서 에너지를 쏟아 부을 만큼 행운은 그에게 찾아오지 않았다.

능력을 인정받았지만 일에 대한 만족이 없었던 그는 다시 귀국 후 5급 공무원 시험에 응시하여 교육인적자원부 공무원으로 다시 길을 열었고, 결혼도 했다. 일과 살림을 병행하다보니 청소하는 것이 힘들었다. 그러다 어느 날 문득 '왜 뜨거운 물걸레 청소기는 없는 것일까?'라는 의문이 생겼다. 그 생각은 끝내 안정된 직장을 정리하고 1999년 한영전기라는 사업체를 차려 기업경영에 뛰어들게 된 계기가 되었다. 어린 시절부터 꿈꿔온 독립과 창업에 대한 도전정신을 포기할 수 없었다.

살던 집을 담보로 1억 원을 창업자금으로 빌렸고 이마저도 얼마 못가서 바닥나 결국 시댁과 친정에 손을 벌려야 했지만, 양가의 부모님들도 자금을 지원했다. 그는 발품을 팔아 전문가들을 만나며 제품개발에 몰두했다.

6개월이면 가능할 것 같다고 했던 제품 개발이 늦어졌다. 다급한 마음에 카이스트, 포항공대 교수와 박사, 기술자 등 누구라도 붙잡고 자문을 구하고 다녔다. 자신이 기술에 대해 이해를 전혀 못하고 있는 것이 문제라는 판단을 하고 전기전자공학 개론서를 독학하기도 했다. 4년여 동안 매우 힘든 시간을 보냈고, 직원 월급도 줄 수 없을 만큼 힘겨운 상황에 하루하루 절벽에 서 있는 것 같은 위태위태한 날을 보내기도 했다.

대출상담을 받으러 다닐 때마다 '이름만 걸쳐 놓은 바지사장 아니에요? 남편 사업 부도나니까 아줌마 명의로 회사 차려서 돈 빌려 쓰려는 거 아니에요?', '아줌마, 당신이 그걸 만들면 내 손에 장을 지지지. 되지도 않는 일에 힘쓰지 말고 들어가 살림이나 해요'라는 말을 들을 정도로 사회의 시선은 냉담했다.

스팀청소기 개발 초기, 빚이 부모님 지원금까지 합하면 7~8억 원이었지만 반드시 이루고 말겠다는 집념과 희망 하나로 버텼고, 고난은 2004년 11월에야 비로소 통장에 8억 원의 판매대금이 입금된 것을 확인하며 반전되었다.

2004년 TV홈쇼핑에서 판매가 폭주했다. 나는 당시 GS홈쇼핑 팀장으로 근무하고 있었다. 국내 최대 규모 콜센터 ARS시스템이 감당하기 어려운 주문 폭주로 다운되는 초유의 사태가 발생했다. 생방송이라 진행 중이던 쇼핑호스트, MD, PD는 주문량 폭주에 비명을 지르며 소리를 질렀던 기억이 있다.

2005년엔 매출 1,000억 원대가 되었고, 2005년 한 해 동안 GS홈쇼핑 한 곳에서만 30만여 대 이상이 팔려나갔다. 이후 홈쇼핑에 나가는 한경희생활과학의 제품들은 '대박' 행진을 이어갔다.

이후 미국 진출도 성공적으로 진행되었다. 스팀청소기 'Slim & Light'는 2007년 세계 최대 홈쇼핑 QVC 방송에서 단 6분 만에 1,000대를 팔고 'Sold out' 자막이 떴다. '언 빌리버블! 첫 방송에서 매진, 정말 생각지도 못한 결과네요. 축하합니다.' 대기실의 방송을 지켜보던 관계자들이 일제히 박수를 치며 축하 인사를 했다. 그 후에도 2회, 3회 계속된 매진이 이어졌다. 2009년에는 2시간 생방송으로 4만 대를 기록하기도 했다.

엄마의 손이 많이 가는 나이대의 아이들과 스킨십이 절대적으로 부족한 그는 자녀 양육에도 후회 없도록 아이들이 초등학교를 졸업할 때까진 주말은 물론이고 평일에도 퇴근 후엔 약속을 전혀 잡지 않았다. 그렇게 사업을 할 수 있겠느냐는 이야기도 들었지만 육아도 할 수 있는 만큼은 최선을 다해야 후회가 없을 것 같았고, 아이들에게 부족한 시간을 보상하기 위해 매일 밤 두 아들이 잠들 때까지 책을 읽어주며 아이들과 시간을 보내다 보니 저녁약속을 거의 잡지 않아다. 그래서 '베일에 싸인 여자'라는 말을 듣기도 했다.

2016년 3월 '세계 여성의 날' 특집으로 꾸며진 MBC '휴먼다큐 사람이 좋다'에 한경희 대표가 출연했는데 회사일로 눈코 뜰 새 없이 바쁘면서도 아침밥을 준비하고 아이들의 살뜰하게 챙기는 워킹 맘의 모습을 보여줬다. 제작진은 아들에게 '엄마는 어떤 엄마냐?'라고 물었고, 아들은 '다정하고 친근한 엄마다, 100점인 것 같다'고 애정을 드러냈다. 이야기를 들은 그는 '진짜요?'라며 깜짝 놀랐다.

그는 사회활동도 활발하다. 2005년 필리핀 마닐라에서 개최된 'Forbes Global CEO Conference'에서 혁신과 기업가정신 관련 발표자로, 2008년 〈월스트리트 저널〉의 '주목해야 할 여성

CEO 50인'으로 선정됐으며, 미국 경제 전문지 〈포춘〉의 '2009 가장 영향력 있는 여성 서밋'에 초청받았다. 2014년 백악관 주최로 워싱턴 DC에서 열린 '일하는 가족을 위한 백악관 회담'에 여성기업인 대표로 참석하기도 했다. 최근에는 기업에 여성 사외이사를 추천하고 후보자들의 경력을 관리해주는 단체 여성사외이사회(WCD) 한국지부 설립에 참여하고 있다.

최근 '한경희 가위칼 3종 세트'를 출시하여 깍두기 썰기, 고기·김치 자르기 등 멀티 기능으로 칼질에 서툰 초보 주부, 혼자 사는 젊은이들의 큰 관심을 모고 있다. 도마 세척도 귀찮게 여기는 도마 없는 세상을 구현한 제품이다. 그의 사업 성공에는 세 가지 이유가 있다.

① 원칙: 어떤 바람에도 흔들리지 않고 지키게 만드는 힘, 그것이 원칙이다. 한번 뿌리가 뽑힌 나무는 다시는 열매를 맺지 못하는 법이다. 그래서 순간의 이익을 위해 원칙을 버린다면 모든 걸 버리고 있는 것이다.
② 아이디어는 10, 실행이 90: 그의 사업은 굴곡이 심했고, 주변의 시선도 탐탁지 않았지만 꼭 이루어낼 것이라는 집념 하나로 이루어냈다. 제품을 만들어낼 때까지 아이디어는 중요하지만, 제품으로 만드는 건 나머지 90% 이상이 실행력이다.
③ 정직한 땀: 운은 제 발로 찾아오지 않는다. 온몸을 던

져 부딪치는 사람에게만 기회가 허락된다. 행운의 다른 이름은 준비된 기회로 사회는 냉정하고, 열심히 땀 흘리지 않는 사람에겐 어떤 자리도 내주지 않는다. 진심을 다한 노력은 배신하지 않는다.

3장

지금 당장 인생을 걸어라

부족할 때가 변화의 적기다

40대는 사실 자기시간이 가장 부족한 시기이다. 그래서 생각해야 할 일들이 많아져서 때때로 할 일을 잊어버리기도 한다. 그럼 50대가 되면 생각할 일이 줄어서 자기가 하고 싶었던 일이나 취미 예를 들면 골프나 우크렐레를 배운다고 생각할 수 있을지 모르지만 생각할 일은 더 많아지고, 확실히 활동 에너지가 떨어져 몸은 그만큼 안 움직여진다.

그래서 지금 당신이 바쁘고 시간이 없지만 그래도 개인 시간을 만들어 생각해둔 자기계발을 하여야 한다. 미래를 위해 지금 과감히 배트를 휘둘러야 한다. 배트를 제대로 휘둘러보지도 못하고 삼진아웃 되는 허망한 일이 두 번, 세 번 반복되면 배트의 자신감뿐만 아니라 감도 떨어져 배트가 두려워질지도 모른다. 감이 조금이라도 있을 때 다시 스윙연습을 하고 타석에 서야 한다. 본인이 건강을 되찾겠다면 담배를 과감히 던져야 하고, 운동을 하겠다고 마음을 먹었으면 헬스장 회원권부터 끊어야 한다.

육아로 경력 단절이 되었다면 어떻게든 계기를 마련해서 재기를 서둘러 선언하여야 한다. '하필이면 왜 이렇게 경기가 안 좋아', '자격증 하나만 취득하고' 이런 핑계 저런 핑계로 차일피일 미루는 것 때문에 될 일도 잘 안 된다. 오늘 생각한 일은 메모해 두고 며칠 내로 할 것인지 말 것인지 결단을 해야 한다. 인생의 중대한 결정을 한 달 뒤로, 내년으로 미루지 마라.

미국의 시인 '칼 샌드버그'는 '시간은 우리 각자가 가진 고유의 재산이요, 유일한 재산이다. 그것을 어떻게 상용할 것인지를 결정하는 것은 오로지 우리 자신뿐이다. 결코 그 재산을 남이 우리 대신 사용하지 않도록 조심하라'고 했듯이 내가 온전히 주인이 되어야 한다.

50대 중반을 넘기면서부터는 시간 가는 것이 제일 아쉬운 점이다. 시간의 속도는 나이 대 별로 빨리 간다는 옛 어른들의 말이 하나도 틀린 말이 없다. 하고 싶은 일은 많은데 시간은 부족하다. 목록에 없는 스무 가지 일로 모든 시간을 소비한 대부분의 사람들은 다섯 가지 목록을 더 챙기고 시간을 소중이 다뤄야 한다. 새로운 신세계를 창조하는 사람이 주변에는 많은데 나만 변하지 않는 것이 아닌가 고민 하지 말고 우선 세 가지만 바꾸어 보자. 일본 경제학자 오마엥 겐이치의 『난문쾌답』에서 자신을 바꿀 수 있는 세 가지를 제시했는데 저자도 100% 공감하며 소개한다.

① 시간을 달리 쓴다.
② 사는 곳을 바꾼다.
③ 다른 사람을 만난다.

나도 시간을 쪼개서 평소 안 해 본 일을 시도하는 편이다. 그중에 2015년 말에는 쉬운 자원봉사를 해보기로 마음먹었고 연탄배달 봉사를 했었다. 연탄은행이 주관하여 SNS를 통해 100여 명이 노원구 상계4동사무소에 모여 겨울에 대비해 소외된 분에게 연탄을 나누는 봉사활동이다.

산비탈 가옥에는 차가 들어갈 수 없어 일일이 사람이 들어 올려야 하는 일로 반나절 자원봉사로 이웃의 행복 쌓기에 동참하여 색다른 경험이었다. 너나 할 것 없이 힘든 기색도 안보이고 열심히 들어 날랐다.

자원봉사는 큰 것이 아닌 작은 것부터 해야 그 진정한 의미를 느낄 수 있으며, 순수한 가치를 오래 간직할 수 있다. 겨울 소외계층 어르신에게 조금이나마 따뜻한 겨울이 되었길 바랐다. 인증 샷도 찍어 SNS에 올렸었는데 내 생애 '좋아요'를 가장 많이 받았다. 그렇게 칭찬이 많을 줄 몰랐는데 이웃에게 조건 없이 베푸는 것이 그만큼 위대한 일이라는 것을 알 수 있었다.

사는 곳을 바꾸는 것도 생각보다 많은 변화를 가져온다. 나는 11번의 전직이 있었다. 현대자동차, LG이노텍, GS홈쇼핑, GS울산방송, 한국낚시방송, 경기영상과학고, 강서공업고, 씨이오, 인지어스, 씨앤이스플러스, 한국광고컨설턴트협동조합, 넥스트비앤씨이다.

사무실 위치는 17번이 바뀌었다. 울산 염포동, 서울 문래동, 마포, 사당역, 역삼역, 여의도, 삼성역, 경기도 오산, 광주 하남공단, 서울 문래역, 울산 신정동, 서울 당산역, 경기도 일산 주엽역, 서울 공항동, 일산 정발산역, 서울 디엠씨역, 수원 광교, 고양시 대곡역이다.

주거지는 13번이 바뀌었다. 경기도 부천시에서 신혼살림을 시작해서 경기도 의왕시, 김포 장기동, 경기도 고양시에서 3번, 울산 옥동, 지금은 아이들이 자란 곳 경기도 고양시에서 산다. 결혼 전에는 수원에서 자취도 하고, 울산 현대자동차 기숙사와 이대입구, 강서구 발산동 둘째형님 집에서 살았다. 군대생활은 강원도 간성에서 20살까지 부모님과 김포 양촌에서 지냈다.

평균 3년에 한 번 직장이 바뀌었고, 사무실 위치는 2년에 한 번 꼴로 바뀌었다. 그리고 4년에 한 번 주거지가 바뀌었다. 자랑할 일도 아니고 소문낼 일도 아니지만 지금 되돌아보면 나의 삶은 기적과 같은 삶이었구나 하는 생각이 든다.

그중 특이한 점은 울산에는 두 번이나 살았다. 총각 때 한 번, 아이들 중학생 때 다시 울산에 살면서 나의 인생은 울산이 큰 변화를 주었다. 친구도 이웃도 회사분위기도 아주 색다른 문화에서 적응했지만 동료들은 친절하고, 서울 사람들보다 인간적인 면이 훨씬 컸다.

세상을 다른 각도에서 볼 수 있는 환경이 닥칠 때마다, 스스로 처음에는 경계심과 두려움이 먼저 앞서지만 곧 적응을 하고 이미 그들과 이웃이 되어 있다. 수도권에서 지방이나 거꾸로 지방에서 수도권으로 근무지가 바뀌는 경우가 많은데 그럴 때 싱글이면 별 상관이 없겠지만, 배우자가 직장이 있는 경우와 자녀가 학교를 다니고 있는 경우는 가족이 이사 가는 경우를 자주 못 본 것 같다.

그러나 나는 울산시로 발령 났을 때 크게 고민하지 않고 가족이 함께 이사를 갔고 아이들도 모두 새로운 학교에서 적응을 했다. 그래서 아이들이 고생은 했지만 가족애는 커졌고 아이들에게도 성장하는 기회도 됐다고 본다.

언젠가 당신의 과거를 되돌아볼 때 삶이 유난히 그리운 때와 장소가 있을 것이다. 그곳은 여행지와 근무했던 곳이나 자신이 태어난 곳이 아닐까. 그렇다. 그런 곳은 생각만 해도 그저 행복해진다.

40대 황금기의 후반 나는 울산에서 잊을 수 없는 일들이 많았다. 저출산고령위원회 울산언론사 대표로 발제를 하고, Save the children 자문위원, 지역채널 편성광고 책임자로 선거방송 후보자 대담 진행도 했다. 디지털방송을 구축하면서 업계에 보기 드문 결과물을 책으로 내기도 했다.

울산광역시 최초로 월간 종합문화지 〈EA〉(early adopter; 일찍 도입하는 사람)을 창간했고, 어린이 합창단을 창단했다. 이승철, 소녀시대, 남진, 컬투, 빅마마와 용제오닐, 유키 구라모토 콘서트를 주관했다. 물론 이런 경험은 동료들과 함께 만든 결과물이다.

나는 부족한 점이 많았지만 동료들과 함께 어떤 일도 다 할 수 있었다. 상당 부분은 문외한이었지만 결과적으로 안 된 것은 거의 없다. 지나고 보면 내가 알아서 진행하고 이룬 것은 오히려 하나도 기억이 안 날 정도로 부족한 상태에서 시작했었다. 혼자 했었다면 하나도 제대로 하기 어려웠을 것이다. 시작하면 해결방안이 반드시 생기기 때문에 '부족할 때가 오히려 변화의 적기다'라고 자신 있게 이야기한다.

그럼 앞으로도 변화를 과거처럼 적극적으로 대응할 수 있을까? 솔직히 이제는 그만큼 자신이 없다. 그래서 40대까지가 변화의 적기였던 것 같다. 왜냐하면 나는 내가 좀 더 부족할 때 적극적인 변화가 가능했다. 변화의 적기, 기회도 부족한 시기가 있다고 본다. 나에게 시간과 경제적 여유가 있었다면 오히려 변화대응에 소극적이었을 것이고 다행스럽게도 그때만 해도 많이 부족했었다. 부족했기 때문에 울산에서 많이 채울 수 있었다.

직장이나 새로 이사 간 곳, 사무실에 따라 환경이 바뀌고 새로운 사람들을 만나게 된다. 그분들로 하여금 새로운 세상을 배우고 삶을 의미 있게 가꾸는데 계층, 직업, 연령 지역 관계없이 전화번호가 쌓이게 된다. 그리고 그 쌓인 이웃이 친구가 당신의 역사가 된다. 그들은 당신의 인생동반자이다. 누군가 이런 이야기를 했는데 지금 만난 이웃은 지구 인구 73억 명 가운데 한 명으로 만난 소금 같은 인연이라고 했다.

변화를 원치 않으며 '앞으로도 그냥 이대로 살 거야'라고 하는 사람은 굳이 강요할 수는 없지만 그만큼 인생이 변화가 없다면 요즘은 밖엔 나가서 할 이야기도 작아서 재미가 없을 것이다.

그렇다면 색다른 시간, 색다른 장소, 다양한 친구를 만나는 것만으로도 당신의 삶은 훨씬 활동적이고 설렘이 커질 미래가 기대될 것이다. 아직 짝을 못 찾은 친구는 분명히 어딘가에서 당신을 만나기 위해 당신의 외출이나 여행, 등산을 기대하고 있을지도 모른다.

오늘은 웬만하면 창문을 열어 제치고 청소를 한바탕 하고 평소와 다른 허스키한 옷을 걸치고 나가길 권해본다. 친구를 불러 영화를 한 편 보러 가든지 야구장에 가든지 기왕이면 사람들이 많이 모이는 곳에 가길 추천한다. 그곳에서 당신이 기다리던 친구를 만날 수 있을 것이다. '오늘은 나오길 잘했어. 참 행복한 날이구나!' 산뜻한 오늘! 행운이 있길 바란다.

이런 날도 가끔은 있어야 하는데 오늘도 어제 같고, 내일도 똑같이 오늘 같다면 금년에 당신이 생각한 목록 중 1~2개 하기가 어려울 것이다. 생각만 하지 말고 '부족할 때가 변화의 적기다'라고 생각하면 기대 이상의 결과를 얻을 수 있을 것이다. 그 중에는 인생이 완전히 바뀔 일도 포함되어 있을 수도 있을 것이다.

> 오히려 좀 부족할 때 적극적으로 변화하기가 수월하다. 변화의 적기, 타이밍을 놓쳐서 삼진아웃 되는 허망한 일이 없어야 한다.

부족함은 단 1%다

 보통사람은 계획은 짜지만 실행력은 약하든지, 실행은 빠르게 하지만 계획이 엉망인 경우가 태반이다. 계획 있고 실행 있는 것은 신의 영역인가? 나도 계획만 세우고 실행에 못 옮긴 경우가 셀 수도 없이 많다. 해마다 반복되는 신년 계획은 1장으로 계속 만드는데 실행을 했는지 따지기 전에 계획을 만들어 1년을 구상해본 것은 아직 살아있다는 증거다.
 어떤 해는 계획서를 컬러프린팅 해서 책상 옆에 붙여 놓기도 하고 그 안에는 사자성어도 써 넣었다. 존망지추(存亡之秋), 화룡정점(畵龍點睛), 신언서판(身言書判), 대관소찰(大觀小察) 등이 있고, 올해는 좀 멀리 보고 길게 보자는 의미의 대관소찰을 정했다. 서둘러야 할 일도 있지만 당장 눈앞에 일만 보고 가자 않겠다는 의미로 그래서 되도록 서두르지 않기로 하고 가능하면 멀리, 넓게 보는 노력을 하겠다는 의지이다.

　보통은 그럴듯하게 계획을 세워보지만 그것을 실천하는 것은 매우 어렵다. 1%의 차이로 가능, 불가능이 결정되는 것이 많은데 마지막 1%를 못 채우는 것은 인생을 망치는 나쁜 습관이다. 각자 안 좋은 습관은 본인만이 잘 아는데 그중에 하나 고치기도 쉽지 않다. 예를 들어 결혼식 가는 날이라면 미리 준비를 해도 꼭 집 대문을 나설 때는 시간이 촉박해서 막판에는 서두르게 되고 결국 정시에 아슬아슬하게 도착한다. 평소 시간을 아껴 쓰는 것과 차원이 다른 것으로 부지런한 사람도 중요한 시기에는 허둥대며 지각하기 일쑤인데 이것이 '나쁜 습관'이다.

　사실 습관과의 전쟁에서 번번이 패하고 있다. 당당히 이겨보려고 하지만 고치지 못한 '나쁜 습관'이 몇 개는 있다고 보는데 나뿐만이 아니고 역사적으로도 이 전쟁에서 이긴 사람은 그렇게 많지 않다고 알고 있다.

　성공학의 고전으로 꼽히는 『self-help(자조)』의 저자 새뮤얼 스마일스는 '습관은 나무껍질에 새겨놓은 문자 같아서 그 나무가 자라남에 따라 확대된다'고 했다. 그리고 '파스칼의 정리'로 알려진 심리학자 파스칼은 누구나 결점이 많지 않다고 했다. 단 '한 가지 나쁜 버릇은 열 가지 나쁜 버릇을 만들어낸다는 것을 잊지 말라'고 했다. 우리는 보통 결점이 여러 가지인 것으로 보이지만 근원은 하나고, 한 가지 나쁜 버릇을 고치면 다른 버릇도 고쳐진다는 것이다.

나쁜 습관 병에 걸리면 쉽게 개선이 안 된다. 고만고만한 일로 단 1분 만에 결정되는 경우도 많이 있다. 1분 사이에도 되고 안 되는 것이 많은데 그 시간을 놓치면 기회가 없어진다. 오히려 그런 것에 익숙한지라 일종의 병과 비슷한 것 같다. '나쁜 습관'은 참 무서운 병이다.

내일부터는 10분 먼저 출근해야지, 다짐을 해도 제대로 잘 안 된다. 문제는 뭘까? 대부분 사람들은 시간을 금같이 아껴 쓰면서 중요한 때에 때때로 지각하는 나쁜 습관이 있다. 시간도 유용하게 쓰고 지각도 안하면 좋겠건만 한 가지는 잘 안되는가 보다.

나는 우리 동네 전철은 항상 빨리 간다고 불만이 있었다. 정시에 달려왔는데 기차는 저만치 달려가고 있고, 시계를 보면 정시가 정확한데 기차는 벌써 떠나고 없다. 힘이 쭉 빠진다. 중요한 약속인데 지각이네…….

왜 그런지 분석을 해봤다. 무슨 원인에서 시간과의 전쟁에서 왜 이런 일이 반복되는지, 알고 보니 참 단순하다. 기차는 정시에 출발하기 때문에 출발시간 기준으로 1분 전에는 와있어야 한다. 기관사는 정시 01초에 출발한다. 똑같은 정시라도 59초에 와서 정시라고 우기면 나만 손해다. 내가 기관사라도 정시 01초면 출발할 것 같다.

이런 경험을 해본 사람은 이런 일에 스스로 속지 말아야 하는데 이런 식으로 중요한 때 1분도 잘 관리 못하면 스스로 세운 계획의 절반도 못 이룬다. 못된 습관으로 시간을 놓치면 그 다음 이어서 정신적인 스트레스로 하루일과가 안 좋은 쪽으로 갈 수밖에 없다.

임권택 영화감독은 '내가 성공할리 없어도 노력했다'고 케이블 채널 휴먼다큐멘터리에서 이야기했다. 평범한 이야기이지만 나는 의미심장한 이야기로 들렸다. 그는 꾸준히 한 가지 노력을 하다 보니 자신도 모르게 성공해 있었다는 아주 단순한 경험담이었다. 어떻게 성공할리 없는데 노력을 할까 궁금했지만 이내 우리 인생이 원래 다 그런 것이라고 이해가 됐다. 어떻게 하다보면 어느새 일이 되고, 또는 일의 방향이 바뀌기도 하면서 큰일을 한다. 그는 〈서편제〉, 〈취화선〉, 〈장군의 아들〉 등 한국 영화사를 대표하는 영화를 60대 이후 100편 넘게 내 놓았고, 한 인터뷰에서는 '내가 젊은 시절에 찍은 영화는 너무 저질스럽고 엉터리라 버리고 싶다'는 고백도 했다. 항상 1~2%가 부족해서 그런 이유 때문에 오래 영화를 만드는 것 같다고 했다.

그는 '영화를 왜 계속하는지를 설명할 길이 없다'고 하는데 그의 젊은 시절 알아주는 사람이 없었을 당시 자신의 영화가 반향을 일으킬 것이라는 것을 전혀 생각 못했고 1%, 1%, 1%를 더 채우려는 열정으로 최고의 자리에서 설 수 있었던 것이다.

내가 사랑하는 친구 한 명을 소개한다. 이 친구는 지금 나이 22살로 나에게 선생님이라고 부르지만 가끔은 형님이라고 부르며, 친구 역할을 톡톡히 하고 있다. 그는 철저하게 시간을 잘 활용하고 있고, 다양한 경험을 통해 자신의 역량을 높여 왔고, 얼마 전 군에 입대하여 홍천에서 전산병으로 국방의무를 다하고 있다.

친구는 사회생활 3년차로 회사의 경영개선, 신규 사업을 도맡아 했다. 긍정적인 태도와 솔선수범이 그의 캐릭터이다. 애초에 남들이 잘 덤비지 않는 부분을 선뜻 밀어붙이는 불도저다. 그런 '좋은 습관'을 가지고 있는 친구다. 그래서 나는 그를 '신형 초특급 크루즈미사일'이라고 부르기로 했다.

IT분야 전문가로 그를 스카우트 하려는 회사가 몇 군데는 되는 것 같다. 추진력과 창조적 발상 외에 기타, 드럼, 하모니카, 전자기타까지 악기를 다룬다. 특성화고등학교 학부모에게 진로 강의도 요청받고 매사 긍정적인 모습으로 학부모들에게 거침없이 인생 이야기한다. 스스로 일을 즐기며, 다양한 취미를 즐기는 IT전문가. 그의 성숙함에 오히려 내가 1%의 에너지를 얻는다는 생각이 들 때가 한두 번이 아니다.

친구에게 항상 성 대표라고 부르는데 열정적인 삶을 사는 그의 인생 멘토로 그의 나무 그늘로 그를 응원할 것이다. 그래서 그는 성공 후원자가 있다고 알고 있다. 내가 그에게 성공의 신념을 심어주고 그를 지켜줄 것이다. 1%만 더 채워줘도 친구는 훨씬 크게 성장할 것이기 때문이다.

미국의 칼럼리스트 '로버트 융'은 '미래는 이미 시작되었다'고 했다. 미래 이야기를 미래 이야기로만 인식하는 사람들에게 정확히 미래를 정의해줬다. 그리고 작가 '섀넌 L. 알더'는 '당신의 최대 기적에 가장 가까울 때, 당신은 가장 최대 역경을 마주하게 될 것이다'라고 이야기했는데 노력 없이 삶이 더 좋아지기를 바라지 말라는 이야기이다. 노력은 힘쓸 노(努), 힘 력(力) 즉 목적을 이루기 위해 어려움을 이겨내면서 애를 쓰는 의미이다.

우리는 1%의 부족한 것을 채우도록 노력해야 한다. 나쁜 버릇을 버려야 한다. 1%가 부족해서 인생을 헤매는 것은 아닌지. 파스칼의 말대로 한 가지 못된 습관을 고치고, 1%만 더 노력했다면 지금보다 나은 인생을 살고 있었을지 모르는 일이다.

> 평소 부지런한 사람도 중요한 시기에는 허둥대며 지각한다. 자신과의 싸움에서 제일 중요한 것이 시간과의 전쟁이다.

선투자, 당신만 안한다

2015년 말 미래창조부 이석준 제1차관(현재 장관급 국무조정실장)이 페이스북에 중국기업 샤오미 이야기를 올렸다. 그는 친절하게 댓글을 달아준 좋은 기억이 있는 친구로 친절하고 소통력이 탁월한 페이스북 친구이다. 중국 샤오미 부총재 '리우더'와 이야기한 내용으로 리우더는 샤오미가 성장할 수 있었던 비결을 이렇게 이야기했다고 했다.

전통적인 대기업을 100년 동안 크는 소나무라 비유하면 샤오미는 운과 트렌드에만 잘 부합한다면 하루아침에 큰 성장을 이뤄내는 대나무와 비슷하다고 했다. 대나무에 달린 잎이 쉽게 죽지 않는 것처럼 100개의 작은 회사에 선투자 함으로써 혁신의 원동력을 확보하고 안정적으로 성장시켜 나간다는 것이다.

리우더는 미국에서 8년 살았고, 영어 소통에 문제가 전혀 없지만 자료, 강연 모두 중국어로 해서 또 한 번 놀랐다는 것이다. 리우더의 메시지는 중국의 저력을 의심할 필요가 없다는 판단에 확신이 선다.

2010년 중국은 일본을 제치고 제2의 경제대국(G2)로 변신했을 뿐만 아니라 이제는 세계를 상대로 원하는 대로 '쨉, 스트레이트 어퍼컷'을 자유자재로 날리는 놀라운 챔피언급 프로 권투선수와 같다는 이야기로 받아 들였다.

중국을 통해 우리는 많은 것을 다시 생각하게 만든다. 대한민국에서 가장 가까운 나라 중국은 언제든지 한국의 기술을 앞지를 준비를 하고 있고 한편 전 세계에서 가장 큰 시장이 펼쳐지고 있다. 실리콘밸리를 능가할 태세의 청년들 사이의 창업 붐과 과학 분야 선투자는 폭발적이다. 2015년 웹 오브 사이언스에 등재된 국제과학논문 146만 편 중 중국이 18.7%로 미국에 이어 세계 2위의 과학 대국이 됐다. 3위 독일과는 큰 격차의 차이가 있고, 인공지능 연구 분야에서는 중국이 31%로 압도적으로 1위이다.

중국은 이제 대한민국의 가장 큰 무역 상대국이고 한편 강력한 경쟁상대로 '한국, 중국, 일본'은 경쟁을 통해 발전해 나가고 있다. 이는 기러기가 서로 밀고 당기면서 1,000리 길 목적지를 순항하는 모습과 같다하여 안행구조(雁行構造)라 하는데 서로 대오에서 낙오되지 않고 멀리 가는 긍정적 효과가 있다.

세상은 공유와 공개를 비즈니스의 핵심으로 조건 없이 먼저 투자를 하고 개방을 한다. 먼저 개방과 글로벌 투자는 미국의 특허처럼 여겨 왔으나 이제는 중국이 그 대목에서 더 적극적이다. 중국의 투자지역은 아프리카, 남미, 동남아시아 등 세계 80%의 국가를 커버하고 있다. 그중 남미 니카라과운하(길이 276km)에 중국이 60조 원의 투자를 선언했다. 2017년 시작하여 5년 후 완공할 예정으로 파나마운하의 100년 독점시대에 종지부를 찍게 될 가능성이 생겼다.

1992년부터 시작된 중국의 9~14%의 고속성장이 20년 이상 계속되어 넘치는 외화를 이렇게 다시 전 세계 투자로 통화를 관리하고 있다. 중국의 대한민국 국채 보유액이 17조 원을 넘어선 것도 넘치는 외환보유액 처리의 일환이다. 들락거리는 외자는 금융시장의 보이지 않는 손으로 장래 경제 지배력이 그만큼 보이지 않는 손의 영향이 커지는 것이다.

미국의 신자본주의가 주춤한 틈을 타 중국의 진출은 특히 후진국에서 인기가 많다. 중국자본으로 산업인프라를 건설하고, 경기도 부양되어 그만큼 일자리가 늘어나 '윈윈' 모델로 수혜자는 알 듯 모를 듯 중국의 조건 없는 대규모 선투자를 '브라보'로 화답하고 있다.

우리는 살아가면서 가장 큰 리스크는 무엇이고 어떤 리스크의 영향을 가장 많이 받을까? 먼저 경제활동기간이 길어진 것이 첫 번째 리스크가 아닐까? 이 리스크에 대부분 동의할 것이다. 왜냐하면 그만큼 건강이 좋아지고 의료기술이 발전했기 때문이다. 특히 대한민국의 의료기술이 세계적인 수준이라 충분히 가능할 것 같다. 이 부분이 우리에게 시사하는 바가 매우 크다.

그러나 우리는 어떤가? 40대가 들어서면 회사를 떠난다는 생각을 하게 되고 50대가 되면 자신의 개발을 소홀이 하면서 사회와 거리를 두기 시작한다. 자기계발을 스톱했다는 것은 발전 동력이 멈춘 것이나 다름없다. 그래서 국가가 보살펴주기 전에 기업의 사회적 기여를 탓하기 전에 자신에게 다시 한 번 자기계발에 선투자에 박차를 가할 필요가 있다.

지금은 75살까지는 벌어야 한다는데 10년 정도 지나면 80 정도 이야기가 나올 것이다. 대나무에 달린 잎이 쉽게 죽지 않는 것처럼 늦었다고 생각하지 말고 하루아침에 큰 성장을 이뤄내는 대나무처럼 꾸준하게 선투자를 하여야 한다.

도산 안창호 선생은 1925년 동아일보 동포에게 고하는 글에서 '우리가 세운 목적이 그른 것이면 언제든지 실패할 것이요. 세운 목적이 옳은 것이면 언제든지 성공한다'고 했다. 세상의 역사를 눈여겨보면 옳은 목적을 세운 자가 한때 어려운 일이 있으나 결국 성공하고야 말고, 힘들어도 성공을 의심하지 않고 낙관적으로 끝까지 붙들고 나아가는 자는 확실히 성공한다고 이야기다.

한 분야에 꾸준한 선투자로 일약 세계적인 바이오신약 기업으로 성장한 한미약품(임성기 회장)이 그 대표적인 사례이다. 글로벌 제약회사 사노피와 5조 원 계약을 포함해 얀센, 베링거 인겔하임 등 내놓으라 하는 글로벌 회사와 6건의 기술수출 계약 8조원을 성사시켰다. 사노피와 맺은 당뇨병 치료제 기술이전 계약금만 4억 유로(약 5,100억 원)로 2015년 전 세계에서 이뤄진 신약 기술이전 중 계약금 액수가 네 번째로 많은 글로벌 제약 기업으로 이름을 올렸다. 주식가격은 한해 750% 상승하여 2015년 말 72만8천 원을 찍었다.(액면가 2,500원) 그야말로 대박 중에 대박이다.

대한민국 바이오신약 산업이 세계적으로 인정받은 사실 하나만으로도 바이오신약 산업의 미래에 방점을 찍은 기업이라고 본다. 왜냐하면 우리가 10년, 20년 이후 중요한 먹거리 산업이라고 이구동성 이야기를 하는 신약분야에서 세계적인 성과를 이루어낸 첫 기업으로 신약후보물질 파이프라인에 테이프를 먼저 끊은 의미가 크기 때문에 후보물질을 다수 보유하고 있는 녹십자, 종근당, SK케미칼, LG생명과학 등도 줄줄이 신약을 출시할 가능성이 커졌다.

한미약품은 20년 전만 하더라도 여느 제약회사와 별반 차이가 없는 약을 만드는 중견 제약회사였지만 이 회사 사업전략은 좀 달랐다. 꾸준히 병의원 중심으로 마케팅을 펼치고, '개량신약, 복합신약, 바이오신약' 퀀텀프로젝트를 진행하며 R&D를 핵심 미래 사업으로 펼쳐나갔다. 경쟁사들이 강력한 마케팅으로 영업활동에 매달릴 때 오히려 광고·홍보비도 최소화 하고 그 비용도 연구개발에 쏟아 부었다.

　바로 위에 형님이 한미약품에서 30년 이상 근무하고 있는데 명절 때 회사이야기를 조금씩 듣는다. 기업 분위기라는 것이 있는데 먼저 노사관계가 우호적이라는 생각을 했다. 꼼수나 불필요한 광고를 줄이고 오로지 '제약업 중심의 R&D' 한 길만 판 기업으로 기억을 한다. 바이오신약, 생명과학분야의 한미약품의 성공사례는 두고두고 회자될 것이다.

　2013년 서강대학교 기술경영대학원에서 3학점짜리 수강을 할 때 각조별로 특정기업의 신규사업전략과 중장기경영전략을 학기 내 과제로 연구했는데 그중 한조가 한미약품 사업전략에 대하여 두 번의 발표가 있었다. 발표자는 말미에 30년간 신약에 선투자를 해온 한미약품을 'Innovative Mover' 기업이라는 이유로 주식을 좀 사두라는 말도 아끼지 않았다. 그의 발표가 있은 후 1년이 좀 지나서 주가가 화산 폭발을 하듯이 대폭발을 했다. 그 발표자는 주식을 좀 사서 재미 좀 보았는지 궁금하다.

　이 회사는 단기성과보다는 중장기성과를 중시했고, R&D도 내수용 신약은 버리고 일찌감치 글로벌 빅파마(거대 제약사)들이 경쟁 상대였다. 선진국의 제약 바이오 수준의 높은 장벽으로 당장은 아무 쓸모없는 선투자에 경영자원을 집중할 때 많은 시련과 유혹이 있었을 것이다. 그때 R&D에 소극적이었다면 지금 한미약품은 없었을 것이다. 지속적인 선투자의 결과가 글로벌 바이오신약 기업으로 우뚝 선 것이다. 자동차, 반도체, 선박, 스마트기기, 건설, 철강, 화장품에 이어 바이오신약의 세계 진출에 청신호를 보낸 한미약품에 박수를 보낸다.

> 자신의 개발을 소홀이 하면서 사회와 거리를 두기 시작한다. 자기계발을 스톱했다는 것은 발전 동력이 멈춘 것이나 다름없다.

몸 따로 마음 따로 놀고 있다

알렉산더 대왕의 가정교사였으며, 플라톤의 제자인 철학자 아리스토텔레스는 '교육은 노후로 가는 여행을 위한 최상의 양식이다'라고 일찍이 교육을 노후를 위한 첫 번째 덕목으로 꼽았다.

선진국의 평생교육 예산은 GDP의 3% 수준이다. 대한민국의 평생교육은 1% 수준이지만 상당히 빠르게 그 규모를 확대 하고 있다. 실제 국민의 참여 비율은 10명 중 3명으로 6명 수준인 선진국의 반 정도로 낮아 교육기회 확대를 위해 국가적 차원에서 접근하고 있다. 참여자의 범위가 빠르게 확대되고 있다.

나는 평생학습타임즈 창간기념식에 초대받은 일이 있었고, 이 자리에 외부인사로 나선 박주선 국회의원(교육문화상임위원장, 현 국회 부의장)은 축사에서 수십 배, 수백 배 진화된 현대사회에 교육환경전략과 교육기회 제공은 대한민국 국력의 기초로 이정표가 될 공산이 크다고 평생교육의 중요성을 강조했다. 국회 차원에서 평생교육의 중요성을 강조했을 뿐만 아니라 국가의 전략적 차원에서 평생교육을 관리 육성하겠다는 암시를 줬다. 종은 때려서 소리를 내고 촛불은 스스로 태워서 기능을 다한다며, 이제는 떠먹여 주는 시대가 아니라 차려진 상을 스스로 받을 차례라고 이야기했다.

그래서 실제로 성인들이 얼마나 자기계발에 투자를 하고 있는지 알아볼 필요가 생겼다. 2015년 11월 평생교육기업 휴넷은 모바일 리서치 오픈서베이를 통해 성인남녀 설문조사를 한 결과 자기계발에 관심 있는 응답자의 81.5%는 서적 구입 등에 자기계발 교육비로 한 달 평균 65,000원을 지출했다.

반면 직장인이 한 달에 지출하는 음료비가 월평균 11만 원 수준으로 얼마나 자기계발 투자에 인색한지 바로 알 수 있다. 이 내용이 당신에게도 적용되는지 한 달 자기계발비와 음료비를 곰곰이 생각해보시기 바란다.

그동안 한 달 자기계발비가 음료수 값에 못 미친 독자는 40대가 넘어서면서 자기계발의 일환으로 평생교육에 더 관심을 가져야 한다. 개인은 조직에 맞추고 조직은 더 큰 조직인 사회변화에 맞추어 진화하고 변화한다. 노동시장의 이동은 지식과 정보의 이동에 맞춰서 이동하고 현실에 맞는 '일과 고용, 실업문제'를 새로운 시각에서 보고 있기 때문에 시장에서 체감되는 고용 불안감이 커지고 있다. 2018년부터는 대한민국도 생산인구도 감소국으로 돌아선다. 노동이동의 주기별 교육의 필요성이 증대되는 이유이다. 따라서 자기계발을 위한 평생교육을 첫 번째 목록에 적어도 무방할 것으로 판단한다.

직업능력개발원은 2004년 당시 중학교 3학년 학생(2016년, 만 27세)을 추적 조사한 결과, 독서가 수능 점수에 미치는 영향은 부모의 학력과 소득 차를 뛰어넘었다는 조사결과를 보도했다. 다독한 친구는 대기업, 공기업 등 괜찮은 일자리 입사 비율이 20% 높았고, 연봉도 200만 원 많았다. 2004년 당시 고3이었던 학생들을 조사한 결과도 비슷했다.

한편 급증하는 시간 도둑 스마트폰에 대하여는 무방비 상태이다. 사실 스마트 폰이 일상의 스케줄과 생활을 안내자 역할을 하고 있어 당연히 TV를 보는 시간보다 스마트폰을 접하는 기회가 늘어났지만 스마트폰은 잡으면 정말이지 10분, 20분 정도는 금방 지나간다. 불행인지 행운인지 모르지만 이러한 기술의 진화가 라이프사이클의 프레임을 송두리째 바꿔 놓았다.

스마트폰 앱의 실 사용정보를 공개하는 와이즈앱은 2016년 3월 한국인이 가장 오래 사용한 앱은 카카오톡으로 1인당 하루 평균 20분을 사용한 것을 확인됐다. 전 국민이 하루 평균 20분을 카카오톡에 사용하는 것은 통계청이 발표한 한국인의 하루 평균 책 읽는 시간 '6분'의 3배 이상이다. 아무리 유용한 정보가 있더라고 너무 과하게 시간을 보내고 있다. 기왕 나온 김에 한 가지만 더 지적을 하고 가자.

미국의 시간관리업체 레스큐타임은 50명에게 스마트폰에 사용시간을 추적하는 앱을 깔아 4주 동안 이들의 스마트폰 사용 빈도, 총 사용시간, 사용용도 등을 조사했다.

조사 결과 사람들은 하루에 무려 평균 253번 정도 스마트폰을 사용한다고 한다. 이는 사람들이 깨어있는 시간의 약 11%에 달했고 깨어있는 동안 4분마다 한 번씩 스마트폰을 사용한다고 나타났다.

이렇게 정보의 양이 폭발적으로 늘어나다 보니 세상에 민감하게 대응하는 것도 한계에 이르렀다고 본다. 정보 과잉으로 심한 스트레스가 생긴다. 급속한 정보화로 허약해진 정신문화 체질을 강화해야 할 시기이다. 현대사회는 누가 지켜 주는 것이 아니라 스스로 자신을 지킬 수 있도록 노력해야 한다. 정부에서도 평생교육 프로그램을 상당히 지향하고 있지만 아직 스마트폰 이용시간에 비하면 새 발의 피도 안 된다.

두말할 필요도 없이 이제 당신이 선택을 할 때이다. 평생교육 아니면 스마트폰을 선택하기 바란다. 스마트폰은 당신의 인생을 책임지지 않는다. 자칫 교육은 고사하고 인터넷세상 틀 안에서 사고와 의식이 고착화되는 정신 빈곤 상태에 시달리며, 싸구려 정보의 노예로 살아갈 수 있다. 이제는 올바른 정보를 선별하고 취하여야 한다. 말 그대로 평생교육을 이대로 방치한다면 머지않아 막심한 후회를 할 수도 있다.

하루일과를 한번 곰곰이 따져보라. 무의식적으로 본인도 평균 4분마다 스마트폰을 이용하는 사용자가 아닌지. 별로 중요하지 않은 일에 시간과 에너지를 낭비하고 있는 것이 당신이 진정으로 원하는 목표를 이루지 못한 이유일 수도 있다.

> 시간 도둑 스마트폰에 대하여는 무방비 상태이다. 평생 교육 아니면 스마트폰을 선택할 시기이다. 스마트폰은 당신의 인생을 책임지지 않는다.

더 나빠지지 않도록 관리하라

앞이 캄캄하고 망망대해에 혼자 떠있는 것 같은 때가 있다. 이럴 때는 '한번 다시 해보자'라고 소리 지르며, 책상이나 벽을 '쾅' 내리쳐보라. 하나라도 실마리를 찾기 힘들 때는 자신의 내면에 쌓아놓지 말고 어딘가 대고 그 답답함을 발산하라. 답답함이 쌓여 스트레스로 오히려 실마리가 꼬여 갈 수 있다.

새로운 미래에는 무관심하고 그저 현재에만 충실한다거나, 당장 별다른 어려움 없이 살고 있다고 미래를 방치한다면 그저 그렇게 40대를 금방 보내게 된다. 만약 당신이 그렇게 현실에 안주한다면 시대의 변화에 점점 따라가기 어려울 것이다.

10년은 순식간에 지나가는데 지금 1년 자기변화로 이런 변화에 주도적으로 대응하고 변화한다면 당신 인생은 이미 기적이 일어난 것이나 마찬가지다. 40대 다시 한 번 미래의 상상을 통해 자신과 다음 세대의 행복을 위해 변신을 주도하시길 바랍니다. 지금보다 훨씬 나은 미래를 위해……

　상상과 변신, 파격적인 발언으로 잘 알려진 여러가지문제연구소 김정운 소장을 잠시 이야기 하자. 명지대 사회교육대학원 교수를 지낸 그는 베스트셀러『가끔은 격하게 외로워야 한다』의 저자로 잘 알려졌다. 그는 2012년 49세의 나이에 홀연히 일본으로 떠나 4년간 그림 공부를 하고 돌아왔다.

　그는 이 시대의 신 중년에게 100세 시대에 남은 인생에 대한 투자는 하지 않느냐고 묻는다. 그는 한 TV강연에서 이 문제를 이렇게 지적했다. '지금까지 모든 사회시스템은 평균수명 50세에 맞추어져 있다. 50세에 맞춰진 가치로 평균수명 100세를 살려니 온갖 문제가 생긴다'는 것이 골자다. 그는 화려한 직함을 모두 두고, 일본 교토의 미술대 학생으로 변신했는데, 지금 사는 세계가 본인이 추구하는 삶이나 세계가 아니라는 인식이 분명할 때인 40대를 정리한 것이다. 자기의 삶과 인생을 성찰했고 상황에 밀려 결정한 것이 아니라 주체적으로 결정을 했다. 대단한 용기다. 그 후 그는 교수 체질이 아닌데 억지로 하던 교수직을 그만두니 행복하다고 했다. 결국 그는 몇 년 사이에 하고 싶은 화가 직업을 하나 더 얻었다.

　'호모 헌드레드'라는 말이 유행하고 생애주기가 달라졌다. 인류 조상을 '호모사피엔스'로 부르는 것에 비유해 유엔이 2009년 보고서에서 곧 100세 시대가 올 것으로 전망하면서 만들어진 신조어인데, 100세 시대는 이제 꿈이 아닌 현실이 됐다. 내가 출생한 1960년의 한국인 평균수명은 52.4세였으니 지금 반세기만에 수명이 2배는 길어진 꼴이다. 로마 시대의 평균 수명은 28세였고, 조선시대 역대 왕들의 평균수명은 47세였으니 우리는 수명혁명의 특혜를 톡톡히 받고 있는 것이다.

인간수명은 100세가 이니라 120세가 가능할 것이라고 의학계는 이야기하고 있다. α+30세인 120세를 '알파에이지'라고 한다. 미국 텍사스 대학 건강과학센터에 있는 'UT2598'이라는 이름을 가진 쥐는 '라파마이신' 약을 통해 노화지연에 성공하였다. 과학저널인 〈네이처〉에 이 내용이 실렸고 이를 근거로 미국의 시사주간지 〈타임〉은 '올해 태어난 아기는 특별한 사고나 질병이 없는 한 142세까지 살 수 있다'고 보도하여 의학계가 흥분하고 있다.

그 외에 세계적인 기업들이 '생명 연장의 꿈'에 도전하는데 막대한 돈을 쏟아 붓고 있다. 페이팔의 창업자 '피터 틸'은 '120살 프로젝트'를 진행 중으로 자신의 몸을 실험도구 삼아 120세 생존을 테스트 하고 있고, 구글의 공동 창업자 '세르게이 브린'도 수십억 달러를 투자해 '칼리코 프로젝트'를 추진하고 있다. 오라클, 유나이티드 테라퓨틱스 등 미국의 실리콘 밸리가 노화예방과 수명연장이 화두로 떠오르고 있다.

많은 과학자, 의학자, 미래학자들은 인간의 유전자 지도, 나노기술, 빅데이터 등 최첨단 기술과 의료기술이 만나 특히 수명에 치명적인 두 가지 질병인 '암'과 '치매'를 정복하여 장수의 꿈이 이루어진다고 긍정적으로 보고 있다.

요즘 60대는 40, 50대 못지않을 정도로 건강하다. 길어진 노후에 가장 큰 문제점이 무엇일까? 일없이 시간만 길어져 무료해지는 문제와 경제적인 문제이다. 이에 맞춘 사회시스템이 준비되기는 하겠지만 모든 것을 해결해주기는 힘들다. 그래서 두 가지가 문제는 우리에게 숙제로 던져졌다.

수명이 길어진 20년을 추가로 살아야 한다. 알파에이지가 현실화된다면 40년 과거 한 인생만큼 추가된다.

김정운 교수의 말대로 신 중년들 왜 100세 시대에 남은 인생에 대한 투자는 하지 않느냐고 묻는다면 대답할 준비가 되어야 하지 않을까. 그러려면 실제 현실은 녹록치만은 않지만 장기전의 승부는 40대 인생에서 많이 좌우할 것이다. 그래서 한 살이라도 젊을 때 자기계발을 시작해야 한다.

세계적인 인문학자 이어령 전 교육부장관은 '정점이 아닌 전혀 다른 곳으로 돌아가야 할 때를 간파하라'고 의미 있는 이야기를 했다. '마흔은 마흔이 아니야!' 그만큼 젊다는 이야기로 삶을 대하는 태도도 어슬렁거리면 안 된다. 좀 더 달라져야 한다. 점점 익숙해져가는 어제와 같은 오늘, 변화와는 거리가 멀어지는 자신의 태만함으로 더 나빠지기 전에 당분간 후진 기어가 없는 전진 전용차로 바꿔 타보자.

호스피스 간호사 '브로니 웨어'는 시한부 환자들을 오랫동안

돌봐오면서 삶의 끝자락에 서 있는 사람들과의 대화를 통해 '죽을 때 가장 후회하는 다섯 가지'를 이야기 하고 있다.

① 남들의 시선이나 기대에 맞춘 삶이 아니라 진정으로 내 뜻대로 사는 인생이었더라면 좋았을 텐데
② 일 좀 적당히 하면서 살았더라면 좋았을 텐데
③ 평화를 유지하기 위해 감정을 억누르지 말고 내 기분에 솔직하게 살았더라면 좋았을 텐데
④ 생활에 바빠 친구들을 잊고 있었는데 좀 더 연락하며 지냈더라면 좋았을 텐데
⑤ 익숙함이 주는 위안이나 변화에 대한 두려움 때문에 적당히 만족하며 살았었는데 좀 더 행복을 위해 도전하며 살아볼 텐데

나의 자서전을 보는 것 같다. 다시 구두끈을 묶게 하는 내용이다. 특히 40대는 5번을 다시 한 번 읽어보라. 변화의 두려움 때문에 적당히 만족하며 살았었다면 꼭 확실한 결과가 기대되는 도전은 아니더라도 무언가 가치 있다고 생각하는 것들에 대한 도전을 시도할 수 있는 최적이 시기를 놓치지 마라.

> 40대는 100년을 사는 것에 대하여 특단의 준비가 필요하다. 그렇다면 앞으로 장기전에 임하는 태도가 완전히 달라져야 한다.

성공은 돈으로만 평가할 수 없다

　상황마다 차이는 있지만 감정을 주체하기 어려운 때가 몇 번 있었다. 나는 실직을 했을 때 특히 감정이 묘했다. 새로운 환경을 받아들일 준비가 부족했던 것이다. 그리고 새로운 사람을 다시 만나는 부분도 부담스러운 것이다. 대체로 10여 년 이상 다니던 직장을 나올 때 두려움이 상당하다. 시간이 지날수록 그런 두려움이 없어졌지만 성숙해지는 시간은 누구에게나 있고 오히려 적당한 변화는 자신을 개발하는 데 긍정적인 효과도 크다고 본다. 주변에서도 한 직장에만 평생근무하다 나온 사람보다 오히려 여러 직장을 경험한 사람들이 변화 적응력도 빠르고, 훨씬 유연한 생각을 가지고 있는 것 같다.
　실직은 잘못된 것이 아니다. 성숙하기 위한 아픔의 시간이다. 한때 그것이 힘든 시간이었지만 모두 극복을 했고 과거의 추억

일 뿐이다. 현재의 나를 위한 과정일 뿐이다. 나이 들면서 잠시 그런 아픔의 시간이 당연히 따라오기 마련이다.

곰곰이 생각해보면 나는 20대, 30대, 40대, 50대에 어려운 일이 10년 단위로 어김없이 찾아왔다. 심한 협곡도 있었고, 절벽도 있었다. 이런 협곡이 앞으로 또 있을 것이라고 각오하고 있다.

특히 지금까지 한 직장에만 근무하던 사람은 자칫 충격이 클 수 있다. 한 직장에서만 일을 했다면 확실히 환경이 변하는데 따른 각오를 단단히 하여야 한다. 그동안 안정적인 수입이 있었던 만큼 자신을 갈고 닦는 일에 소홀히 했다면 지금부터 2배로 자기계발 노력을 해야 한다.

먼저 현재 직장에서 충실할 것을 당부한다. 고성과자로 인정받는 노력이 우선이고, 직장 밖의 정보도 관심이 필요하다. 왜냐하면 평생직장이 없는 현실에 자신을 보호할 수 있는 길을 항상 닦아야 하기 때문이다. 그래서 높은 급여도 좋지만 장기적으로 사회·경제적 활동의 범위가 넓고 보람을 얻을 수 있는 일이 중요하게 됐다.

이미 사회는 냉혹히 나이든 사람을 잘 쓰지 않는 현실이므로 해결 방법은 스스로 강해지는 방법밖에 없다. 자신을 스스로 돈의 노예로 내팽겨 쳐지지 않도록 생각의 틀을 바꿔야 한다. 수입이 지속적으로 있다면 그것은 로또를 맞는 것 보다 좋은 일이다. 지금 안정된 직장에 있다면 새로운 태도, 새로운 생각, 새로운 습관, 돈에 대한 태도를 고민할 때이다.

『카라마조프의 형제』 저자 표도르 도스토옙스키는 '인생의 후반부는 인생의 전반부 동안에 얻은 습관들로 이루어진다'고 했다. 독일의 신비사상가 '토마스 아 켐피스'는 '습관은 습관으로 극복할 수 있다'고 이야기했다. 두 사람의 말을 정리해보면 40대까지 살아온 습관이 얼마나 중요한지 알 수 있다.

나의 친구 중에 나와 완전히 다른 미래형 인간이 있어 소개한다. 그는 30대 초에 사업을 시작하여 실패를 거듭했다. 한번은 볼링이 전국적으로 유행할 당시 다크호스 브랜드의 공동대표로 볼링 핀을 재생하는 공장을 설립했다. 생산 공정과 기계를 거의 자체 제작할 정도로 손기술이 좋고 영업력이 좋은 친구다. 2년을 거쳐 성공적으로 개발을 했고 품질을 인정받았다. 그러나 운이 안 따라 줬다. 볼링이 사양화되어 볼링장이 줄줄이 문을 닫아 결국 공장을 제대로 돌리지 못하고 큰 손해를 보게 됐다.

그렇지만 그때나 지금이나 사람관계는 매우 활발하여, 친구 주변에는 좋은 사람이 항상 많다. 지금은 정보통신업체 대표로 있는 그는 사람을 따르게 하는 마력이 있는가 보다. 그는 연세대학교 세브란스병원 국제진료센터 인요한 소장의 절친이다. 한번은 친구와 함께 연세대학교 관사에서 인요한 박사와 바비큐 식사를 하게 됐는데 인 박사는 특유의 털털한 말투와 한국 역사를 누구보다 잘 알고 있었고 김치는 묵은지만 먹는 토종 한국인이어서 깜짝 놀랬다. 처음 만난 사람에게 집 안을 오픈하고,

가족 사진을 보여주고 CD를 골라 음악을 들려주었다. 옆에 있는 내 친구도 극진히 챙겼다. 그는 친절을 베푸는 매력남이었다.

그의 집안은 1895년부터 5대째 대한민국에 살면서 선교, 봉사활동, 북한결핵퇴치사업과 의료장비 지원사업 등을 펼치고 있다. 그의 할아버지는 22세 때 한국에 와서 48년간 의료, 교육, 선교 활동을 했으며, 아버지는 전라북도 군산에서 태어나 도서지역에 600여 개의 교회를 개척했고, 인천상륙작전에 참전하기도 했다. 형 인세반은 1997년부터 북한 결핵퇴치 사업을 하는 '유진벨' 재단을 운영하고 있다.

왜 그는 내 친구를 좋아할까? 인생은 일만하고 사는 것이 아니다. 이해관계 '0'의 쿨한 친구관계로 서로 간에 가려운 곳을 서로 긁어 주었다. 클레이 사격을 취미로 갖고 있는 두 사람은 일과 관계없는 인생의 친구다. 나의 친구는 일단 사람을 편하게 해주고, 시간을 재미있게 만드는 재주가 있었고 그리고 매너 좋고, 인 박사처럼 먼저 베푸는 성격이다. 그러고 보니 두 사람은 사격 외에 또 하나의 공통점으로 먼저 베푸는 점이 닮았다는 것을 발견할 수 있었다.

내 친구와 인박사는 취미활동을 하다가 만났는데 두 사람의 아름다운 만남은 소위 이해관계가 전혀 없이 미래를 행복하게 살아가고자 하는 사람들의 조우였기에 많이 부러웠다.

친구는 유감없이 인생을 즐기고 있다. 언제부터 그는 파란색 골드윙 오토바이를 타고 나타난다. 친구는 나이를 먹으면서 점점 젊게 살고 있어 부러움의 대상이다.

  친구는 오히려 지금 인생의 전성기를 보내고 있는 것 같다. 평소 내가 어려운 일이 있을 때 그 친구에게 전화를 하면 그는 늘 긍정적인 대답을 준다. 절대 부정적인 이야기는 없었다. 그래서 친구를 높게 평가 하고 이렇게 친구 자랑도 하고 있는 것이다.

  과거에 성공한 사람이 미래에도 성공한다는 보장이 없다. 성공은 돈으로 평가할 수 없다. 자신이 하고 싶은 일을 즐기면서 주변에 그를 좋아하는 사람이 많다면 그것도 일종의 성공이다.

  삶의 질이 아직 낮은 우리가 급격한 변화에 돈의 노예로 전락한다면 그것보다 비참한 일이 없을 것인데, 길어지는 노후를 '돈 돈 돈' 하고 살 것이 아니라 내 친구처럼 그 이외의 것들을 준비하는 미래형 인간이 되어야 하지 않을까?

  에릭프롬의 '소유냐 삶이냐?'에 미래에는 삶을 물질로 보지 말라고 지적하고 있다. 존재형 인간과 소유형 인간 두 가지의 사람이 있는데 삶의 의미와 목적을 소유에 둔 사람은 소유에 문제가 생기면 존재가 흔들리지만, 존재형 인간은 소유에 문제가 생겨도 삶이 쉽게 무너지지는 않는다는 것이다.

  『지적 대화를 위한 넓고 얕은 지식』에서 작가 '채사장'은 비슷한 이야기를 한다. 정신과 의식이 물질을 앞선다고 믿고 있다. 완벽한 유물론자였던 그가 2011년에 큰 사고로 동료의 죽음을 경험한 후 물질세계 너머의 세계에 관심을 갖고 세계관의 변화를 가져 왔다고 한다. 인간은 어쩔 수 없이 두 가지 세계 '물질의 세계와 정신세계 경계'에서 줄타기를 하는 존재라는 메시지를 던지고 있다.

> 과거에 성공한 사람이 미래에도 성공한다는 보장이 없다. 또한 성공은 돈으로만 평가할 수 없기 때문에 '돈돈돈' 하고 살 것이 아니라 그 이외의 것들을 준비하는 미래형 인간이 되어야 한다.

눈높이도 낮췄고 과감하게 경계도 허물었다

_ 백종원

　백종원은 2013년 연예인 소유진과 결혼을 앞두고 KBS방송에 출연한 일이 있었는데 그는 그 자리에서 예능 천재의 끼를 발휘하였다. 방송 내내 웃음이 끊이지 않으며, 요식업에 필요한 현실적인 조언으로 전문 요리가로 카리스마를 보였고 후반엔 소유진이 동반 출연한 자리에서 아내 앞에서 한없이 약해지는 그의 모습이 재미요소였다. 이로써 소유진의 신랑으로 확실한 인증을 받았다. 당시 최고 수준의 스타를 떠나보내는 팬들을 그만의 매력으로 안심시킨 한판승이었다.
　그 프로그램으로 방송의 숨은 진주를 발견하게 됐고, 그는 기존 셰프와 완전히 다른 친근함과 심플한 요리로 방송계를 강타하며, 예능 스타로 떠올랐고 시청자들의 눈과 귀를 내내 즐겁게 했다.

한국방송계의 블루칩, 레시피의 정석을 깬 반칙남, 방송천재 등 그에게 붙어 다니는 명칭이 계속 늘어났다. 그는 40대 결혼 후 인생이 완전히 바뀌었다. 백종원의 살아온 모습을 잠시 들춰 보자.

일찍이 사업에 눈을 떴던 그는 대학 다닐 때 아르바이트 하던 가게를 인수하며, 매장을 늘려가는 사업적 마인드를 가지고 있었고, 자동차 중개업, 목조 주택 사업 등 여러 직업을 거친 후 1994 '더본코리아' 대표이사로 원조쌈밥집 논현점을 오픈 후 요리연구가 겸 프랜차이즈 기업가로 전업했다.

그의 직업은 '셰프'이고 방송을 포함한 모든 사업도 요리를 중심에 두고 있다. 화려한 수식어 이면에는 그도 보통 사람과 똑같은 평범한 쌈밥집 식당 사장부터 시작했다.

'일밤-진짜 사나이'의 해군 2함대사령부 요리대회 심사위원이었던 그는 학사장교 출신으로 한번은 자발적으로 취사장교로 보직을 바꿨다는 이야기를 했다. 그는 포병장교 복무 때 하도 음식 맛이 마음에 안 들어 자발적으로 선임하사와 보직을 바꿔 식당관리를 했다며, '군대 음식을 해봐서 알지만 맛과 대량생산 가능성'이 심사기준이라고 입심을 발휘했다.

장교 체면에 주방 일을 한다고 불려가서 참모 장교한테 조인트를 맞기도 했지만, 취사장교를 자원해 식당 문화를 바꿔보겠다는 그의 목표를 꺾지 못했다. 어느 날 식당을 기습 시찰한 장군이 백 중위를 인정하면서 참모 장교들의 반응이 180도로 바꿨었고, 군 제대 1년 전 간부식당의 운영을 맡아 된장찌개를 뚝배기에 담아 주는 것부터 시작하여 나중에는 뷔페식으로 바꾸는 업적을 달성하기도 했다.

다시 방송으로 돌아와서, 대한민국은 언제부터인지 먹는 즐거움에 관심이 많아졌다. 그러면서 셰프의 활약이 눈에 띠게 많아졌다. 평상시에 답답한 일상을 단순하게 풀어가려는 현대인의 트렌드이기도 하다.

인터넷방송 '먹방'이 힘입어 직접 음식을 만드는 '쿡방'으로 진화했고, 요리전문가의 방송이 서서히 빛을 보게 되며, 셰프와 엔터테이너를 결합한 '셰프테이너'라는 신조어가 등장하며 요리관련 프로그램이 줄줄이 탄생했다.

그 중에서 백종원이 단연 돋보였다.

MBC '마이 리틀 텔레비전' 프로그램으로 그의 매력은 하늘을 찌르며, 그는 이 프로그램에서 대한민국 국민들 마음속에 자신의 이미지를 강렬하게 심어주었다. 시청자들은 '쉽쥬?', '맛있쥬?' 충청도 사투리를 쓰는 이 중년에게 빠져들며, '요리프로그램'에서 그는 대체 불가능한 영역을 구축하였다.

'3분 요리'와 라면이 고작이었던 20대 자취생부터 중년 남성은 물론 수십 년 요리 베테랑인 60대 주부까지 그의 프로그램에 빠졌다. '슈가보이', '슈갑질'이라는 별명을 얻은 것도 이때였다. 설탕을 시청자 눈치는 코끝만큼도 안보고 듬뿍 넣는다. 설탕을 안 넣고, 맛없는 것보다 넣어서 맛있는 게 훨씬 낫다는 항변으로 그간 설탕 대신 매실액을 쓰라는 사람들에게는 뒤통수를 치기도 했으며, '집밥 백선생', '백종원의 3대천왕' 등 요리 프로그램에서 그의 맹활약이 이어지고 있다.

대한민국의 문화와 역사를 세계 대학생들에게 알리고 있는 대한민국 홍보연합 동아리 '생존경쟁'에서 2015년도 대한민국에서 가장 큰 이슈가 된 '올해의 인물은 누구?'라는 질문에서 백종원이 1위를 차지하기도 했으며, 한국소비자포럼이 선정한 2015년 올해의 브랜드 대상 특별상에 순하리, 처음처럼, 허니버터칩, 카카오택시, 마이 리틀 텔레비전, 복면가왕과 함께 백종원이 선정되었다. 그는 셰프의 눈높이를 확 낮추고 경계를 허물어 누구나 친구 같은 셰프로 보통사람에게 인정받았다. 그는 활발한 집필활동도 하고 있으며 잘 나가는 책으로『백종원이 추천하는 집밥 메뉴 54』,『초짜도 대박 나는 전문 식당』등이 있다.

배우 소유진의 남편 백종원 셰프가 요즘에는 아내보다 아들과 딸에게 푹 빠져 있다는데 두 아이의 멋진 아빠로 더 멋진 방송을 응원한다. 시청자에게 사랑을 가장 많이 받는 셰프로 활약하고 있은 이유 세 가지는 다음과 같다.

① 쉽고, 편하다. – 그의 요리세계는 신기하게도 너도 나도 요리는 쉽게 할 수 있다는 것이다. 그래서 그는 특별할 것도 없이 냉장고와 식탁에 있는 모든 재료가 요리에 쓰인다. 종이컵 기준으로 설탕을 넣고 밥숟가락으로 소금을 넣는다. 까다로운 요리

문화를 쉽고 간단하게 접근했다.

② 친근하다. - 그의 방송 시간 내내 웃음을 잃지 않는다. 잘생기기도 했지만 항상 웃는 이미지로 따뜻한 인간미까지 넘치는 캐릭터로 메이킹 되었다. 셰프는 더 이상 요리를 창작하는 세계가 아니라고 까다로운 레시피에 종지부를 찍었다. 마침 옆에 있는 주방에서 요리를 하듯 싱글벙글 웃으며, 요리는 전문가만 한다는 벽을 완전히 허물었다.

③ 소통의 달인이다. - 시청자가 참여하는 쌍방향 방송은 이론적으로나 존재하는 방송 정도로 알았던 고정 관념을 깨고 그는 100% 시청자와 소통하고 교감한다. 그래서 방송 중간에 채널을 돌리기 쉽지 않다.

4장
1년을 10년 같이 살아라

마지막이라고 생각하고 열정을 쏟아라

도전의 매력은 보석을 캐는 것과 같다. 멈추거나 흔들림 없이 한 단계, 한 단계 꾸준히 도전을 한다면 반드시 눈앞에 보석이 기다리고 있다.

노자의 도덕경에 보면 '기자불립 과자불행(企者不立 跨者不行)'이라는 글이 있다. 뒤꿈치를 들고 서 있을 수 없고 큰 걸음으로 오래 갈 수 없다는 말로, 욕심을 내면 오래 서있을 수 없고 오래 갈 수 없다는 뜻이다. 하루아침에 성공, 꿈을 원하는 것을 어불성설(語不成說)이다. 세상이 그렇게 쉬웠다면 다들 어영부영하고 놀고먹었을 것이다.

보석을 캐는 도전의 세계는 다양하다. 우주의 신비로움을 찾아 지구를 떠나고, 반도체회사는 용량, 속도, 저전력에 도전하고, 전원생활을 위해 직접 한옥을 짓는가 하면, 70 나이에 중국어에 도전한다. 신기한 도전으로 '덕후(오타쿠, 마니아 정도로 해석)'로 명성을 떨치는 사람도 TV프로그램을 통해 많이 볼 수 있다. 철도덕후, 날씨덕후, 건담덕후……. 신기한 덕후가 주변에 이렇게 많을 줄 몰랐다.

도전한다고 바로 결과가 나오지 않고, 풍파를 만나고 장애에 부딪치는 일이 많다. 그래서 때려치우고 포기하고 싶은 고비를 여러 번 겪는다. 작은 도전이든 큰 도전이든 그런 과정이 반드시 있게 마련이다. 실패를 딛고 도전해서 성취한 사람은 성취의 맛을 알기 때문에 계속 새로운 도전의 목록이 있다.

현대인에게 결단의 용기를 심어준 트리나 폴리스의 『꽃들에게 희망을』에서 생각 없이 정상에 올라가는 것이 삶을 운명처럼 보이는 줄무늬애벌레는 가치 있는 삶이 무엇인지, 진짜 행복한 삶이 무엇인지 망각했다. 노랑애벌레는 고치 안에 있는 애벌레를 만나 나비가 되는 것을 배워 하늘을 날아 기둥꼭대기에 올라간 것처럼 경쟁사회에서 우리가 본래의 자신을 잃어버리고 치열하게 밝고 올라서지 않아도 자신의 갈 길을 잘 알고 간다면 나비가 될 수 있다는 점을 반면교사로 삼아야 한다.

나는 2년 전 늦여름 오후 4시경 낚시를 들고 출어 했다. 릴 3개와 줄낚시 2개를 챙겼다. 차 트렁크에 캔커피와 초코파이 몇 개 실었다. 목표 어종은 뱀장어였다. 한강 하류에는 장마시즌에 뱀장어가 나온다는 정보를 들었고 한강 섶에 혼자 3시간을 앉아 찌가 움직이기만 기다리고 있었다. 기별이 없다. 그래서 짐을 하나둘 챙기고 있는데 좌측 릴에 '딸랑' 소리가 들렸다.

'야호~ 이놈이 뭘까?' 줄을 살짝 당겨봤다. 꽤 느낌이 묵직하다. 뱀장어가 아닐까 양손에 긴장감이 왔다. 아마 지금까지 내가 본 물고기 중에 최고인 것 같다. 이놈이 아마도 힘이 센 걸 보니 상어류가 아닌가 하고 문득 겁이 나가도 했다.

팽팽한 긴장감을 유지하면서 어려서 아버지에게 배운 대로 줄을 살짝 놔주고 다시 당기고를 반복했다. 깡통에 한 모금 남은 커피를 마시며, 마지막 줄을 한줌씩 거둬들였다. 손목 힘을 조절하면서 결국 물가로 끌어냈다. 살치가 올라 왔다. 출혈 빈도가 낮고, 은색으로 머리가 작고, 주둥이가 돌출되어 있는 이 녀석은 20cm 정도로 꽤 컸는데 물 밖으로 나오니 오히려 움직임이 없이 착한 얘였다.

강가에는 갈댓잎만 넘실거리고, 강 건너 서편에는 햇살에 잔파도가 아른거렸다. 멀리 행주대교 위에 자동차들은 평화롭게 한강을 가로 지르고 있었다. 살치를 다시 물속으로 돌려보내면서 3시간의 도전은 마무리 됐다. 마지막 5분만 먼저 낚시를 거뒀으면 허탕칠 뻔했는데 다행히 손맛을 볼 수 있었다. 나는 동네에서 물고기 한 마리 잡으면서 별 상상을 다했었는데, 프로 낚시 선수는 물고기 잡는 기록 도전에 인생을 걸고 있다.

한국낚시방송에 상무이사로 근무를 할 때 만난 정명화 프로는 대어 기록에 인생 도전장을 냈다. 그는 애초에 평범한 삶을 거부하는 모험가 기질이 크다. 해외 낚시여행 탐험가로 국내 몇 명 안 되는 대어 낚시프로로 낚시전문방송 FTV에서 세계낚시를 소개하고 있다. 그는 자이언트 민물가오리를 낚기 위해 2007년과 2008년 연달아 도전했다가 빈손으로 돌아선 후 2015년에는 태국 방파콩강에서 몸통 지름이 210cm에 무게가 400kg에 달하는 대형 민물가오리를 낚았다. 자랑스러운 의지의 한국인이다.

입질 후에 1시간 30분 만에 건져내는 데 성공하였는데, 채비는 바다에서 대어를 낚아내는 대형 트롤링 릴에 여러 가닥 다발로 꼬아 만든 120파운드 합사를 사용했고, 미끼는 30cm 전후의 메기와 가물치를 썼다.

7년간 자료를 수집하고, 분석하고 재도전의 의지를 다지며 성공했다. 낚시인들은 목표한 어종을 낚으면 산악인이 에베레스트를 정복한 것과 똑같다고 한다. 그의 다음 목표는 민물고기 최대 어종 '웰스메기'다. 4m, 500kg정도 크기의 어종인데 정프로의 출어 준비에 웰스메기는 벌써 벌벌 떨고 있다고 한다.

브로드웨이의 전설이라 하는 '탈룰라 뱅크헤드'는 '인생을 다시 산다면, 나는 똑같은 실수를 조금 더 일찍 저지를 것이다'라고 하였고, '미국문학의 링컨'으로 인식되는 작가 '마크 트웨인'은 '지금부터 20년 후에 당신은 자신이 한 일보다 하지 못한 일을 가지고 더욱 실망할 것이다. 탐험하라. 꿈을 가져라'라고 하였다. 트웨인은 인쇄소에서 일을 했었고, 미시시피 강 수로 안내인, 서부개척시대에는 금을 캐기도 했는데 글을 본격적으로

쓰기 전에는 발명가로 여성 브래지어의 후크를 발명한 발명가이기도 했다.

지금까지 살아온 과거는 과감하게 청산하고 미래에 후회할 일이 없도록 오늘을 살아가야 한다. 그저 가마니 있는 것이 가장 나쁜 일일 수 있다. 다소 미흡할지라도 하고자 했던 일은 시도할 때 비로소 후회가 없을 것이고 새로운 자신과 새로운 세계를 발견하게 될 것이다.

40대는 1년을 10년이라고 생각하고 혁신과 변화를 시도해야 한다. 결국 40대에 자신을 성장 시킨 사람은 그렇지 않은 사람 즉 지금에 만족하고 미래는 생각하지 않는 게으른 사람과는 비교할 수 없이 큰 차이가 나게 되어 있다.

우리의 삶은 실패와 성공의 연속이다. 최선을 다해 준비해도 원하는 대로 잘되지 않는 경험이 많다. 힘이 쭉 빠지고, 다음에 무엇을 어떻게 해야 할지 막막하기만 했던 경험이 누구나 있을 것이다. 시간 차이는 있지만 항상 다시 일어났고, 다시 시작했다. '마지막 열정, 마지막 도전, 마지막 인생역전'이라는 생각으로 일어서라.

> 도전의 매력은 보석을 캐는 일이다. 멈추거나 흔들림 없이 한 단계, 한 단계 꾸준히 도전을 한다면 반드시 눈앞에 보석이 기다리고 있다.

당신도 격변의 터널 중간에 있다

    시진핑 중국 국가주석의 인용으로 널리 알려진 중국 격언 '불파만 지파참(不怕慢 只怕站)'은 '느린 것을 걱정하지 말고 멈추는 것을 겁내라'는 이야기다. 지금 대한민국 경제도 그런 상황에 처했다고 볼 수 있다. 대한민국의 경제규모는 세계 11위로 사실 대외적인 국가 위상이 높아졌지만 자칫 저성장 고착화로 1인당 국민총소득 2만 달러 터널에서 못 벗어나 3만 달러는커녕 선진 국가들이 도착한 4만 달러 국가는 꿈같은 이야기가 될 것이다.

    선진국들은 보통 100년 이상의 경제 발전 역사를 가지고 있다. 이 나라들은 보통 1인당 국민총소득이 4만 달러 정도를 유지하고 있는데 전쟁과 재건, 자유와 억압, 자본과 노동, 기술과 인문 등 다양한 문화가 어우러져 그들은 선진국이 됐으며, 선진 제국으로 세계 역사를 써내려가고 있다.

대한민국은 지금 상당히 긴 터널의 중간을 지나고 있는데, 이 시기를 잘 이겨내야만 4만 달러 선진국에 갈 수 있다고 본다. 왜냐하면 우리나라는 그런 성장의 가속도를 어느 정도 유지하고 있기 때문이다.

지금까지 쌓아온 약 3만 달러 가까운 1인당 국민총소득도 대단한 결과이다. 왜 대단하다고 평가하는지 이유를 두 가지만 설명하면 먼저 대한민국은 전 세계 200여 국가 중 7개국만 달성한 2050클럽 국가이다. 한국을 포함해 미국, 프랑스, 이탈리아, 독일, 영국, 일본 7개국이고 당분간 2050클럽 진입국가는 없을 것으로 본다. 그만큼 쉽지 않은 일이다. 국제사회에서 1인당 국민총소득 2만 달러는 선진국 문턱으로 진입하는 소득 기준이고, 인구 5천만 명은 인구 강국과 소국을 나누는 기준으로 통용된다.

먼저 도착한 국가들은 예외 없이 3050클럽, 4050클럽에 진입한 바 있어 역주행만 없다면 4050 가능성이 높다고 할 수 있다. 대한민국도 40~50세대가 경제 주체로 있을 때 꼭 그곳에 도착해야 한다. 그렇게 됐으면 좋겠다. 너무 낙관적인 이야기라고 야단을 칠 수 있겠지만 제발 우리 세대에 4만 달러를 봐야 하지 않겠는가?

대단한 평가 두 번째 이유로 한국은 1962년 세계 최빈국으로 1인당 국민총소득 100달러 국가였다. 빈곤 극복을 위해 1945년 이후 1970년대 말까지 국제사회의 공적개발원조(ODA)를 받았다. 1960년대에만 유무상원조 23억 달러가 국내로 들어왔다.

그 후 1987년부터 대한민국은 해외로 유상원조를 본격화했고, 1995년 세계은행이 우리나라를 '차관 졸업국'으로 선언하면서 2009년 개발원조위원회에 가입하였다. 공적개발원조액이 연간 1억 달러를 넘거나 국민총소득 대비 ODA 비율이 0.3%를 넘어야 가입할 수 있는 OECD기구이다. 이로서 1960년 이후 개발원조위원회 국가 중 유일하게 원조 수혜국에서 원조 공여국으로 전환한 국가가 되었다.

대한민국이 1987~2014년 사이 다른 나라에 준 ODA 누적 규모는 143억 달러로 우리가 받은 ODA 규모 137억 달러를 2014년에 넘어섰다. 1946년 6월 동아일보를 보면 우리가 해외원조에 얼마나 의존했는지 알 수 있다.

'1년에 해외 원조 규모가 지금 조선의 자본과 기술진으로 외국시장을 획득하기에는 퍽 어려울 것 같아 보이며, 장기간의 노력을 요하리라고 믿어진다. 우리의 수출품으로 굴지되는 것은 인삼, 엽연초, 생사, 해산물, 사과, 수공예품, 광산물 중의 흑연, 텅스텐, 금 등 몇 가지를 들 수 있는데, 그 반면으로 가져와야만 할 물품은 1,000종이고 10,000종이다. 우리가 아무 물건이나 덮어놓고 외국물건을 사드린다는 것은 가난한 나라로서 도저히 용인할 수 없는 일이지마는 기계와 그 부속품, 석유, 생고무, 석탄 등 건축재급 원료품이라든지 우리나라에서 당장 생산하지도 못하는 설탕, 모직물, 지류 등 생활필수품도 지원 없이

는 살 수 없는 형편이다.'

지금은 여러 가지 외부환경 변화로 국가는 고려해야 할 변수가 많아졌다. ① 거버넌스의 변화를 제시한 광역 경제블럭 '환태평양경제동반자협정(TPP)'의 등장, ② 위환 화의 기축통화 진입과 아시아인프라투자은행(AIIB) 주도한 '중국의 위상' 변화, ③ 제조업, 에너지, IT로 이어진 '미국의 경기' 부활, ④ 실업과 재정난 외에 국가 간 갈등을 겪는 '유럽연합', ⑤ 포스트 차이나로 각광받는 '인도, 동남아시아의 부상' 등이 대표적이라 할 수 있다.

대한민국은 격변의 터널 반은 지났다고 볼 수 있는 시기이다. 우여곡절을 겪으며, 2006년 처음 2만 달러를 넘어섰지만 10년째 주저 앉아있어 결국 이 함정에 빠질 것이냐, 아니면 선진국대열이라고 인식되어 있는 3만 달러 대에 성공적으로 진입할 것이냐는 결전의 시기이다. 지금 대한민국은 긴 터널을 빠져나가 '1인당 3만 달러'와 '과학기술 선진국' 두 마리 토끼를 잡아야 하는 시기로 앞으로 2~3년이 중요하다. 그래서 이대로 2만 달러 국가로 고착화 되는 것이 가장 두렵다. 큰 걱정이다.

개인도 이 환경변화에 영향을 받고 있는데 그만큼 공부할 일이 많아진 꼴이다. '벼는 농부의 발자국 소리를 듣고 자란다'는 말처럼 천천히 가더라도 지속적으로 자기 개발하는 태도가 중요하다. 일이 뜻대로 풀리지 않을 때 포기해버리거나 하다가 말다가 하면 진전이 없다. 힘든 시기가 올 때 걸림돌을 단지 걸림돌로만 보는 사람이 있는 반면 이 걸림돌을 디딤돌로 삼는 사람이 있듯이 생각하는 태도에 따라 결과가 달라진다. 아무것도 결정되지 않은 미지의 세계는 당신의 긍정적인 태도와 꾸준히 공부하는 자세만 있다면 어느새 터널은 저 뒤로 보일 것이다.

> 장기화되고 있는 저성장 시대! 마의 3만 달러 문턱을 넘는다면 우리가 원하는 4만 달러 선진국 대열에도 올라갈 수 있을 것이다.

지금은 창조와 의식변화의 과도기

　미래학자들이 제시하는 변화의 핵심은 모든 경계는 사라지고 지구촌은 함께 지구의 생존을 고민하는 열차에 함께 탔다는 것이다. 그래서 대한민국은 그런 역할을 외면할 수 없고 변화의 중심에서 스스로 역할을 찾아 나서야 할 때이다.
　한마디로 모든 경계는 사라지고 있지만 얄팍하고 근시안적인 의식으로 안주한다면 지구촌에서 지금 같은 대우를 기대할 수 없다. 그만큼 대한민국은 국제적인 역할과 포지션이 커졌다.
　국가와 기업은 물론이고 개인 영역도 고정성의 시대에서 일대 변화하고 있다. 불확실성과 가변성이 확장되고 있고 그러면서 국경의 수위가 훨씬 낮아졌으며, 문화의 다양성과 이들을 받아들이는 수용의 폭이 폭발적으로 변하고 있다. 일종의 빅뱅이나 다름없는 사회적 변화가 국내외적으로 일어나고 있다.

2016년 2월 출입국외국인정책본부 자료에 의하면 국내 체류 외국인은 188만 명에 이른다. 외국 유학생 수도 10만 명이 넘어섰다. 그리고 매달 230만 명의 외국인이 출입국하고 있다. 10년 전 비하면 2배 이상 늘어난 숫자이다.

그래서 특히 배려와 관심, 애정이 요구되는 부분이 있다. 이민자와 다문화가족이다. 국내 결혼 이민자, 귀화자 등 외국인 배우자가 30만 명이 넘었고, 다문화가족 수는 82만 명이 넘었다. 그중에 만 18세 이하 다문화가족 자녀는 20만 명이 넘었는데 10년 전에는 2만5천여 명에 불과했었다. 사회통합정책으로 정부에서는 결혼 이민자에게 다양한 일자리, 문화교육 등 맞춤형 서비스를 확대하고, 특히 청소년이 늘어나면서 교육제도 개선이 활발하게 일어나고 있다.

'성(城)을 쌓고 사는 자는 반드시 망할 것이며 끊임없이 이동하는 자만이 살아남을 것이다.' 옛 돌궐제국의 장수였던 톤유쿠크의 비문(소재지: 울란바토르)에 있는 글이다. 한 자리에 안주하지 않고 끊임없이 도전하는 1300년 전 '노마드(유목민)' 정신을 말한다. 자신이 가진 것을 지키기에 급급하고 외부와 소통하지 않는 자는 망할 것이고, 소통하고, 새로운 변화에 대응하는 사람, 진취적인 사고를 가진 사람은 흥할 것이라는 뜻으로 받아들이면 된다.

유목민족은 아니지만 유목생활은 곳곳에 시작됐다. 예를 들어 대한민국의 건설, 토목, 플랜트 기술은 세계적인 수준에서 기술경쟁을 하지만 과거에는 그렇지 않았다. 하지만 지금은 첨단건설 기술로 전 세계를 무대로 활약 중이다. 쌍용건설의 싱가포르에 관련된 재미있는 이야기이다. 여성들이 꼭 한 번쯤 가보고 싶은 나만의 버킷리스트 속 호텔과, 리콴유 전 수상에게 극찬을 받았던 이야기이다.

싱가포르 사람들이 한국하면 가장 먼저 떠올리는 것이 쌍용건설이다. 쌍용건설이 건설한 '현대판 피사의 사탑'이라 불리는 '마리나베이 샌즈 호텔'은 마치 고인돌처럼 생겼고, 이 호텔 57층에는 세상에서 가장 아찔한 옥외 수영장이 있는 싱가포르의 랜드마크이다. 이 수영장은 싱가포르의 전경을 물속에서 한눈에서 내려다 볼 수 있다는 점 때문에 럭셔리 여행의 대명사가 되어 있고, 그래서 여성들의 버킷리스트 속 호텔로 널리 알려졌다. 많은 여행자들이 싱가포르를 방문하는 목적 자체를 이 호텔의 수영장이라고 대답하기도 할 정도이니 그 유명세는 싱가포르를 대표할만하다.

그리고 1986년 준공 당시 세계 최고층 호텔로 기네스북에 기록된 226m 복합건물 '래플즈시티'도 쌍용건설의 손에서 태어났다. 객실 1,261개로 지금은 남아시아 호텔 중 가장 높은 호텔인 이곳의 객실에서 밖을 내다보면 싱가포르 전체를 포함하여 인도네시아, 말레이시아가 한눈에 들어오는 전망이다.

쌍용건설은 당시 48시간 연속 콘크리트 타설 신기록도 세웠다. 당시로서는 상상할 수 없는 일이었다. 3~4일 만에 1개 층을 올려 싱가포르 언론과 국민들은 놀라움을 금치 못했다. 5년 간 빅데이터를 활용해 비가 내리지 않았던 날을 찾아냈고, 레미콘 트럭 1,830대분의 콘크리트를 사용했다.

래플즈시티 완공을 1년 앞두고 독립 26주년 기념연설에서 싱가포르의 아버지 '리콴유' 전 수상은 '우리들 가운데 어느 누구도 한국인이 래플즈시티에서 보여준 것과 똑같이 해낼 수 없습니다, 한국인은 강인했고 우리 모두 래플즈시티 프로젝트에서 그것을 직접 확인했습니다'라며 극찬하였다.

나는 얼마 전 잠실역을 이용할 일이 있었다. 송파구청에서 초등학교 친구들 저녁 모임을 마치고 버스를 타고 잠실역 8번 출구에 도착하였다. 버스기사는 버스정류장에 안 세워주고 길가에서 그냥 문을 열어 주었다. 뭔가 이상하긴 했지만 앞 사람들을 따라 내렸다. 버스정류장에는 일렬로 늘어선 택시로 버스를 세울 수가 없어서 버스기사는 위험한 큰 길에 내려 줄 수밖에 없었다. 이곳에는 택시 10여 대가 서 있는 것 같다. 뒤돌아보니 우리나라에서 가장 높은 빌딩 롯데월드타워(제2롯데월드)가 바로 길 건너 보였다. 대한민국을 대표하는 최고층빌딩 앞에서 택시의 불법점유로 벌어지는 위험한 승하차가 평상시에 벌어지는 일이라 깜짝 놀랐다.

롯데월드타워는 555m로 대한민국의 랜드마크이다. 세계에서 여섯 번째로 높은 건물이다. 뿐만 아니라 OECD 국가 중에서는 미국의 1WTC(원 월드트레이드센터)를 제치고 가장 높은 건물이 됐다. 세계에서 가장 높은 전망대(500m)를 가지고 있는 세계 최고 수준의 타워인데 타워 앞의 불편한 대중교통질서를 보며, 후진적 의식 속에 있는 우리의 자아상을 보며 한참을 멍 때렸다.

　대한민국은 많은 국가가 부러워할 만큼 성장했고, 역동성이 있어 젊은 국가로 평가 받는다. 나이로 따지면 40대와 비슷하다. 그래서 40대가 우리의 인생의 전부인 것처럼 성숙해 있지만 구석구석에 나쁜 습관이 남아 있어 2% 부족한 듯 살아가고 있다. 이런 대규모 시설 앞에서 공공질서, 공공이익을 해치는 일은 철저히 계도할 필요가 있다.

　1789년 프랑스 인권선언 4조에 자유가 방종이 아님을 강조하고 있다. '자유라는 것은 타인에게 피해를 주지 않는 한 무엇이나 다 할 수 있다는 뜻이다' 흔히 자유란 말을 많이 쓰지만 어떤 자유 행사이든 타인에게 피해를 주는 자유는 진정한 자유라고 볼 수 없다는 것이다.

　1960년 이후 유일하게 원조 수혜국에서 원조 공여 국으로 전환하였고, 개도국의 부러움을 한 몸에 받고 있는 국가의 랜드마크 앞에서 혹여라도 외국 사람이라도 있을까봐 부끄러웠다. 잠실역 8번 입구를 들어가다 다시 한 번 뒤돌아 버스정류장에 서 있는 택시대열과 길 건너 롯데월드타워를 바라보며 씁쓸히 지하철로 들어갔다.

　동화 속(싱가포르)의 꿈같은 나라(대한민국) 랜드마크에서 벌어지고 있는 위험한 교통문화를 보면서 공공질서, 공공안전에 대한

의식의 변화가 왜 필요한지 알 수 있다. 국제적 수준에 걸 맞는 의식의 변화는 시대의 큰 숙제이고 과제이다. 지금 대한민국도 40대와 같은 성숙한 시점으로 어느 때보다 '창조'와 더불어 '의식'의 변화가 아주 중요한 시기이다.

> 국경의 수위가 훨씬 낮아졌으며, 문화의 다양성과 수용의 폭이 폭발적으로 변하고 있다. 일종의 빅뱅이나 다름없는 사회적 변화가 국내외적으로 일어나고 있다. 그 중심에 40대가 있다.

당당한 투잡, 쓰리잡 시대다

2015년 말 한국직업사전에 직업으로 등재된 우리나라의 총 직업 수는 11,440개이다. 그러면 다른 나라 직업의 수는 얼마나 될까? 미국은 30,000개, 일본은 25,000개, 캐나다는 20,000개가 넘는다. 이들 국가는 직업을 선택하는 데 제약을 두지 않는다. 다만 사회에 민폐를 끼치는 문제가 생길 경우 엄하게 처벌하는 특징이 있다.

그럼 왜 이 나라들은 우리나라보다 2배 이상 직업의 수가 많을까? 가장 큰 이유는 서비스업 발달로 직업이 많아진 것이다. 미국에서는 애완동물 전문 변호사, 동물 전문 간호가, 말 치과 의사, 음식 조각가, 발 치료 전문가 등 우리나라에서는 찾을 수 없는 다양한 분야에서 일하는 전문 인력이 적지 않다. 예를 들면 애완동물 전문 변호사는 애완동물로 인해 발생하는 각종 법률적 문제를 해결해 주는 변호사이다.

대한민국의 일자리와 직업에 대한 관심은 여느 때보다 크다. 박근혜정부의 국정과제 53번이 고용율 70%이다. 특히 전 분야에 걸쳐 고용율이 중요한 지표가 됐다. 고용율의 평가가중치가 높아졌고, 학교나 기초자치단체, 기업의 고용에 대한 사회적 책임이 중요한 시대가 됐다. 청년부터 중장년까지 전 세대에 일자리 대책이 요구되고 있고, 직업을 바라보는 시각의 변화를 예고하고 있다.

그중에서도 청년실업률은 20년 만에 가장 높아졌다. 직업을 가지려고 해도 만만치 않은 경제양극화가 취업 동기에 부정적인 측면이 강하다. 첫 직장을 갖는 청년들은 심각한 갈등이 일어날 수밖에 없다. 대기업과 중소기업 초임 차이가 2~3배에 이르는 임금격차인데 자신의 능력이 임금격차만큼 낮다고 인정하기 어려운 부분이다. 그래서 사회 초년생들이 첫 직장 선택의 어려움이 큰 것 같다. 첫 직장에 따라 인생이 바뀐다고 생각하는 그들을 이해할 수 있다.

그래서 현 정부는 능력중심사회를 위한 국가직무능력표준(NCS)을 구축하고, '채용, 배치, 임금, 평가, 승진'의 기준이 NCS 기반으로 바뀌고 있다. 스팩, 학벌보다 직무능력(실질적으로 할 수 있는지 여부)과 기초직업능력이 중요하다는 국제적인 통용 기준에 따르는 것이다. 스펙과 학벌만으로 경쟁을 유지 할 수 없다는 판단에서 직업능력에 대한 국가차원의 인정과 인력의 국제적 통용

성 확보를 위해 국가역량체계(NQF)도 구축중이다.

직업세계는 세 가지 주변 환경 요인 '경제, 사회, 기술'에 따라 변동이 일어난다. 경제 환경으로는 정부 경제정책과 기업의 변화, 산업구조의 변화를 꼽을 수 있고, 사회 환경으로 세계화와 일에 대한 가치의 변화, 인구구조의 변화가 있다. 기술 환경 변화는 기술발전과 정보화의 발달이 있다.

한편 현대 사회 직업의 변화는 이 세 가지뿐만 아니다. 다양한 문제와 연결된 복잡한 구조로 자본 중심의 경제력 편중과 경영방식 고도화로 불안정한 일자리가 점점 많아지는 추세이다. 이는 일자리 창출과 동떨어진 현실로 그만큼 새로운 직업과 일자리 창출은 어려워지고 있다.

그럼 실제로 투잡, 쓰리잡 인구가 얼마나 되는지 알아보자. 취업포털 잡코리아가 2015년 11월 남녀 직장인을 대상으로 '직장인 아르바이트 현황'에 대해 조사한 결과 29.8%가 현재 본업 이외에 아르바이트(투잡)를 하고 있다. 40대는 35.9%가 아르바이트를 하고 있다고 대답했다. 한편, 현재 투잡을 하고 있지 않은 직장인 중에도 70.6%가 여건이 된다면 아르바이트를 하고 싶다고 답했다. 투잡이 보편화되고 있는 추세이다.

오늘날 현대인은 적어도 직업이 몇 번은 바뀐다. 새삼스러운 이야기이지만 사람이 살아가는 데 직업만큼 중요한 것이 없는 것 같다. 고상한 취미나 여가 활동, 봉사나 자선 활동 이야기를 많이 하지만 적어도 직업이 있고, 그 후에 그런 고상한 것들이 필요하다.

한번은 서대문에서 광화문까지 택시를 탄 일이 있는데 택시 기사와 이야기한 직업 이야기를 소개한다.

'내 나이가 72살이요. 요즘 택시운전은 50대도 거의 없어요. 보통 60대지요. 사입금 힘들다고 하는데 나는 그렇지 않아요. 아침 7시 나와서 10시간 정도 일하는데 시간이 금방 가지요. 옛날 밥 먹고 살기 힘들 때 어릴 때 들 짐을 지고 일을 해도 쌀 한 됫박 받아 왔는데 택시 일이 힘들다면 안지지요. 나는 택시로 자식 다 키우고 집 사고 잘 살고 있지요. 나는 아파트 경비, 주차 관리 하는 것보다 이렇게 돌아다니는 것이 체질에 맞아요.'

기사님의 얼굴은 자세히 보지 않았지만 굉장히 건강해보이고 목소리는 힘이 있었다. 사납금 문제는 당신이 볼 때 게으른 사람이 그런 이야기를 한다며, 개인택시처럼 호텔 앞이나 공항에서 30분씩 기다리고 있으면 사납금 문제가 생긴다는 것이다. 아파트 경비하는 노력이면 당신은 택시가 망고땡이란다.(추후에 알아본 내용으로는 초보기사는 물고기가 어디서 어디로 움직이는지 시간대별로 어디 가야 물고기가 있는지 감 잡는 데 시간이 걸린다고 한다.) 그 시간이 오후 2시 20분이었고 사납금 이미 넘어갔다며, 매출 14만3천 원 요금표시기를 대뜸 보여주었다.

기사 분은 다른 하나의 아르바이트를 하고 있다는데 그것은 이야기하기 싫다고 하면서 목적지 광화문 프레스센터에 내려 주고 어디론가 손님을 태우러 떠났다. 그 하나의 직업이 무엇인지 궁금했고, 자신감 넘치는 목소리의 기사분이 대단하게 느껴졌다. 자신감 넘치는 인생을 살아가시는 기사분의 멋진 인생을 기원한다.

투잡, 쓰리잡은 선진국에서는 낯선 일이 아니고 우리도 그런 사회가 도래됐다. 평생직장은 옛날 이야기이다. 이제는 오히려 능력 있는 사람이 2개, 3개의 직장을 가지게 될 것이다. 그래서 스페셜리스트 또한 조선시대 이야기가 되었고 한 가지 기반 위에 다양한 지식과 정보, 네트워크가 필요하게 되었다. 그래서 이제는 제너럴리스트가 주목받는 시대가 되었다.

데이비드 마호니, 리처드 레스택의 『은퇴 없는 삶을 위한 전략』에서 '밀려나는 것을 피할 수 있는 유일한 길은 시장성이 있는 자신만의 기술을 다양화하고 개별화할 방법을 지금부터 연구하기 시작하는 길이다'라고 했다. 정신과 의사도, 신경과 의사도 어디에나 넘쳐난다. 그래서 그는 두과의 혼합영역인 신경정신과 모두 수련을 받았다.

직업을 한 가지만 생각하지 말고 두세 가지를 생각해 둬야 하고, 뒤에 지핀 불 위에 주전자를 2, 3개 얹어놓고 있어야 한다. 그렇게 하면 자신이 더 행복해질 수 있고 건강하게 오래 사는 데에도 도움이 된다고 한다.

한 분야의 전문가라고 해도 무림의 고수들이 많기 때문에 관련분야를 지속적으로 공부하는 시대가 됐다. 제2의 인생을 설계하고 있거나 직장에서 승진이나 연봉을 올리고자 하는 사람들의 경쟁은 심화될 수밖에 없고, 그곳에서 살아남기 위해서는 자기 자신이 특별한 존재로 변화하는 그 만큼의 노력이 필요하다는 것이다.

> 우리나라도 투잡, 쓰리잡이 낯설지 않은 사회가 도래됐다. 오히려 능력 있는 자가 2개, 3개의 일을 가지게 되는 시대이다.

곧 후회할 일을 청산하라

지금부터 10년 후 인생을 준비해야 하고, 길게는 당신의 50년을 책임져야 할 시기이다. 누가 당신에게 이래라 저래라 이야기할 사람이 한 사람도 없기 때문에 스스로 후회할 일을 만들면 안 된다. 10년이 지나도 시작은커녕 나이만 먹었다면 오늘 이 시간이 떠오를 것이다. 실제로 50대 들어서면 생각지 못한 여러 가지 어려운 점이 생기고, 40대처럼 열정을 내기가 쉽지 않다. 그래서 그때는 늦은 감이 있다. 40대 인생을 바꿔라. 40대가 새로운 인생을 준비하는 시기이고 변화의 적기다.

피터 드러커는 이런 이야기를 했다. '제일 중요한 것을 먼저 하라. 그 다음 일은 생각하지 마라.' 그렇다. 이제는 여러 가지 벌여놓고 정리를 못할 바에 하나씩 하나씩 차곡차곡 만들어 나가는 것이 맞다.

아래 사례를 통해 무엇을 먼저할 것인지 노력과 성과를 x, y 축으로 정하고, 노력의 양에 비해 성과의 양을 표시해보자. 그리고 '하고 싶은 일과 반드시 하여야 하는 일, 죽기 전에 해보고 싶은 일'을 노력과 성과를 생각해서 적당한 위치에 적어 보자.

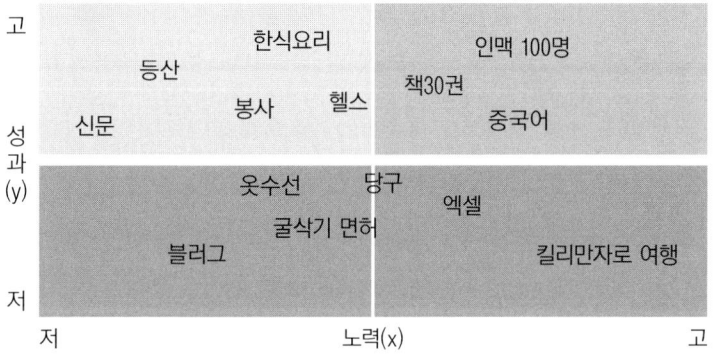

무엇을 먼저 할 것인가? (사례)

그중에서 노력 대비 성과가 많은 것은 우선순위가 높다. 이런 식으로 자신의 새로운 목표의 우선순위를 정해 나가면 매우 효과적이다.

답이 나온다. 무엇을 먼저 해야 하는지 아니면 시간이 걸리더라도 반드시 해야 할 일이 무엇인지 나타난다. 만만한 것과 만만치 않은 것이 눈에 딱 들어오는데 처음에는 쉬운 것부터 하면 된다. 매일 신문을 읽는다거나 하는 쉬운 것부터 실천해보

자. 그중에서 놓치지 말아야 할 점은 긴급하지 않지만 중요한 일을 챙기는 것이다.

1년에 한 번씩 표를 만들어 보면 20%는 바뀔 수 있고 80%는 일치할 것이다. 안 바뀐 것들은 긴급하지 않지만 중요한 내용일 것이다. 따라서 인생에 후회가 없으려면 이 점을 간과하면 안 된다. 어느 누구도 당신에게 분명한 해답을 주기 곤란하다. 표를 그려 보고도 그중에 세 가지 정도를 실천하지 못한다면 아주 곤란하다. 지금 기회를 놓치면 앞으로는 동일한 일을 한다 해도 성과는 떨어지기 때문에 지금이 최소의 노력으로 최대의 성과를 가져오는 시기이다.

게다가 불혹의 나이를 지나면서 지나치게 타인의 말에 따르기보다는 스스로 판단하고 결정하는 것이 훨씬 바람직하다. 조금 부족하더라도 당신의 하고자 하는 꿈의 목록이기 때문에 그 가치는 황금보다도 소중하다. 이 표는 6장에서 이야기할 '당신이 해야 할 일, 고쳐야 할 습관'을 선별하는 데 필요한 핵심내용이다. 하고 싶은 일이 마음먹은 대로 자신의 의지가 못 따라가서 문제이긴 하지만 자기가 하고 싶은 일을 하는 것이 가장 행복한 일일 것이다.

당신도 의외로 게으른 사람일지 모른다. 자신이 의미 있는 일을 찾으려고 조금의 노력을 해본 일조차 없든지, 아니면 그런 삶에서 두세 발짝 밖에 못 벗어난 삶을 계속 살고 있든지, 실천 의지가 부족해서 미루고 남의 탓이나 외부 환경으로만 핑계를 됐다면 끝장내야 한다. 후회 할 일을 이제 청산할 단계이다.

누구나 서너 번은 자신의 변화를 꽤 해보지 않은 사람은 없다. 그러나 다음 주부터 해야지, 이번 급한 일마치고 바로 해야지……. 늘 이런 작심삼일 인생을 살아왔다. 사소한 것이라도 자신을 위해 시간을 투자하고 독하게 몇 가지는 실행해왔던 것들이 시간이 지나면서 자신을 크게 변화시킨다는 사실을 알고 있으면 무엇하겠는가. 생각만 할 뿐 실천을 안 할 바에는 애초에 생각을 안 한 것보다 스트레스와 후회는 더 클 것이다. 생각을 했다면 쉬운 것부터 실천에 옮기는 현명한 40대가 되길 바란다.

내가 이 시간 40대를 향해 글을 쓰는 것도 이런 일들의 연장선상에서 이루어 진 것이다. 책은 나하고 무관하고 그저 좋은 책만 골라 읽었던 사람이었지만 지금 글을 쓰고 있다. 위 표로 본다면 x, y축의 우측상단에 적혀있는 만만치 않은 목표를 실천하고 있다.

그렇다면 빨리 변하는 것이 좋은 것인가? 아니면 천천히 변해도 변하면 되는가? 나는 후자를 추천한다. 왜냐하면 세상이 변하는 것을 빠르게 따라가는 것은 너무 힘들다. 그리고 각자 사회적 역할에 따라 빠르게 변해야 하는 것이 중간에 생길 수 있는 것이지 모든 것이 빠르게 하기란 곤란하다고 본다. 정체되어 고인 물처럼 흐르지 않음을 이겨낸다면 그 자체로 상당한 변화를 긍정적으로 소화하고 있는 것이다. 단지 진보적인 생각을 하고 있지만 실행을 못해서 물이 고이는 것을 인식하지 못할 수 있기 때문에 그 점을 유의해야 한다.

명심하라. 40대에 당신을 재설계하기 위하여 우선 과거와 다른 당신 인생을 위해 행동과 생각과 계획을 뜯어 고쳐야 한다. 물론 현재 자기 가치를 높이는 것도 중요하지만 진정한 강자는 길게 보고 투자한다. 10년, 20년을 위해 보험을 드는 것과 같기 때문이다. 도전하여 그 목표를 달성한 사람만 그 희열을 알고 또 다른 목표를 성취할 수 있다. 그래서 성공한 사람들은 새로운 목표를 위하여 과거를 집어 던지고 이내 다시 자신을 세우고 새로운 도전을 한다.

성공적인 당신의 40대를 위하여 눈을 감고, 자신의 10년 후의 장면을 상상해보라. 이 영화 속의 주인공이 당신이다. 그렇다면 주인공을 위해 연출자는 할 수 있는 최선을 다하여야 한다. 더 늦기 전에 후회할 일을 청산하는 유일한 길은 당신만을 위한 연출자가 되어 실행하는 길이다.

가끔 우리는 SNS에서 친구들이 인생에 귀감이 되는 이야기를 보내줘서 보게 된다. 스쳐지나갈 듯 기억에 살짝 남는 말들. 그중에 몇 가지 선별해봤다. 부담 없이 읽어보며 좋을 것 같다.

작은 성과를 남겨라.
자신이 안서면 쉽고, 즐거운 일부터 하라
약점을 보완하기보다는 장점을 살려라.
내일의 큰 만족을 위해서 오늘의 작은 만족을 늦춰라.

자기 분야 외에 다른 분야에도 관심을 가져라.

현재가 아니라 미래에 자신을 맞춰라.

하나를 해도 제대로 하라.

마감시간을 정해둬라.

목표를 세우고 결단을 내려라.

나를 칭찬하라.

당신이 갖고 있는 것에 대해 우선 감사하라.

오늘도 거뜬하게 잠자리에서 일어날 수 있음에 감사하라.

자주 휴식을 취해라.

하루에 한 번은 하늘을 보라.

신체 활동으로 스트레스를 줄여라.

주말과 휴일을 잘 이용하라.

단정하게 차려 입어라.

의미 있는 프로젝트와 관계에 참석하라.

정직함이 최고의 처세술이다.

> 지금부터 당신의 10년 후 인생을 책임져야 한다. 누가 당신에게 이래라 저래라 이야기 할 사람이 한 사람도 없다. 미루다가 10년이 지나도 시작은커녕 나이만 먹었을 수 있다.

다섯 가지 태도로 인생 승부를 걸었다

_ 유인경

유인경은 친정엄마에게 단 한 번도 화를 낸 적이 없다고 생각했다. 어느 날 옛날 일기장을 봤더니 그럴 리가 '내가 나쁜 년이다'로 시작한 일기를 발견했다. 왜 그때는 그걸 몰랐을까?

그래서 나이 먹고 딸을 길러보니 엄마들이 우리가 생각한 것 이상으로 충격과 스트레스를 받았던 것을 알 수 있었다. 이제 뒤늦게 느끼는 것은 치매에 걸리셨을 때, 어쩔 수 없이 대소변 못 가리셨을 때, 왜 짜증을 냈을까 하는 부모님에 대한 후회다. 지금 부모님이 계실 때 좀 더 부모님을 이해하려고 노력하지 않으면 누구나 돌아가신 후 후회하는 것이 부모님께 서운하게 해드린 부분이다.

그는 70번 선을 봤다. 10~20번 정도 선을 본 사람들이 꽤있을 당시였지만 눈이 꽤 높았던 그는 많은 남자를 거들떠보지도 않고 칠십 번째 총각에 큐피드의 화살이 꽂혀 28살에 결혼했다. 그런 뜨거운 사랑이 시큰둥하게 식어서 이내 '어떻게든 서른을 넘기지 않으려다 보니 결혼을 가방 살 때보다 신중하지 못했던 것 같다'며 남편을 폭풍 디스해 대한민국 여성들의 답답한 심정을 속 시원히 풀어주었다.

그는 1982년부터 잡지사 기자 생활을 시작하여, 결혼 후 자랑스럽게 퇴직하여 전업부주로 3년 반 정도를 육아와 살림을 하고 지냈다. 아이가 두 살쯤부터는 프리랜서로 글을 쓰다가 1990년 경향신문에 입사해 2015년 11월까지 국내에서 가장 대중적인 스타기자 생활을 했다.

당시 생활문화부장이 '아이를 낳아보고 생활경험이 있는 여기자가 필요하다'고 해서 당시 잡지에 육아 파트를 전담해서 기사를 담당하던 경험으로 지원했고 아기 엄마 프리미엄으로 입사했다. 이후 경향신문 편집국 대중문화부 차장과 여성팀 팀장, 뉴스메이커부 부장을 두루 거치고 부국장으로 활동했다.

그녀는 하나의 역사를 만들었다. 2015년 대한민국 주요 일간지 여성 기자 최초로 '정년퇴임'을 한 것이다. 그는 오피니언 리더들이 만나고 싶어 했던 기자, '아이냐, 일이냐', '가정이냐, 일이냐'의 선택을 강요받으면서도 정년을 채운 끈기 있는 기자, 후배들의 우상인 기자로 이름을 남겼고, 지금은 방송인이자 베스트셀러 저자, 명강사로 바쁘다.

중년층 이상에 큰 반향을 일으키고 있는 mbn '속풀이쇼 동치미'에 고정 출연하여 친숙한 외모와 시원한 입담으로 주부들의 속을 뻥 뚫어주고 있다. 그의 진솔하고 푸근한 방송이미지에 남성팬도 꽤 많다.

기혼여성들의 고민인 고부갈등부터 남들에겐 말 못할 부부의 사생활에 이르기까지 우리 사회 여성들이 겪고 있는 문제와 사연들에 대해 자신의 경험담과 노하우를 가감 없이 이야기하고 있다.

그는 남편 홍보기로 먹고 산다는 우스운 이야기도 하지만 남편만한 남자도 없다고 한다. '남편은 무심하고 표현력이 안 좋은 것이 좋았을 때가 친정어머니가 치매 걸리셔서 밥 드실 때도 아무렇지 않은 평소 무덤덤함이 그때는 너무 고마웠다. 세상은 공짜가 없어요. 고마워요.'라며 남편에게 진심으로 고맙다는 말을 했다.

그는 30년 가까이 직장생활을 한 워킹맘, 대표적인 커리어우먼으로 겉으로 보기엔 승승장구했을 것 같은 그녀지만 바쁜 기자생활하면서 엄마로서 아내로서 딸로서 며느리로서 힘든 부분이 많았다. 아이가 어릴 때는 아이를 돌보면서 일을 해야 했고, 엄마는 치매 증세를 겪고, 남편은 사업이 부도가 나면서 힘든 기자생활을 버텨야 했던 커리어 우먼이다.

그는 〈주간경향〉의 '유인경이 만난 사람' 코너에서 대한민국의 오피니언 리더의 삶을 여과 없이 독자에게 전했다. 인터뷰를 통해서 대표적인 지식인들이 자기분야에서 성공적인 삶을 살면서 그들만의 사생활, 애환, 성공메시지를 글로 표현했다.

만난 사람으로는 세계적인 인문학자 이어령 전 교육부장관, 최연소 성악가 임형주, 지적장애인 무용단 이끄는 임인선 대림대 교수, 먼 나라 이웃나라 이원복 덕성여대교수, 500승 여류 바둑기사 박지은 9단, 빅데이터 전문가 송길영 다음소프트 부사장, 로봇과학자 데니스 홍 교수 등 그 수를 헤아릴 수 없다. 또한 그의 저서로는 『내일도 사랑을 할 딸에게』, 『여자의 몸』, 『이제는 정말 나를 위해서만』 등이 있다.

경향신문 정년 퇴임식에 후배기자의 송사 내용의 일부를 소개한다.

'생각해보니 기자 유인경을 동료로 둔 덕분에 참 행복했습니다. 걸어 다니는 백과사전인 유 선배는 자료실을 뒤지지 않아도 될 만큼 취재원의 나이부터, 가족관계, 히스토리까지 줄줄이 읊어줬기에 기사쓰기가 수월했습니다. 또 부동산 투자나 증권투자 등 돈 버는 일이나 나이트 문화를 빼고는 세상의 모든 문제에 명쾌한 해답을 갖고 있는 동료이자 선배였지요.

기자생활을 하면서 마약은 물론 술이나 담배도 해본 적이 없이 대장정을 마친다는 건 결코 쉽지 않은데 유 선배는 그게 가능하다는 걸 보여줬습니다. 아참, 골프도 안 치고 운전도 못하지요. 또 날마다 장동건이나 정우성 같이 잘생긴 스타들을 만나면서도 단 한 번의 스캔들이나 송사사건도 없이 26년을 버텼으니 그 또한 대단합니다.

요즘엔 아는 아줌마들이 유 선배 사인 좀 받아다 달라는 청탁을 받으면서 우쭐할 수 있었습니다. 여기 모인 여기자들이 써 나갈 자랑스러운 경향의 역사에 맨 앞 페이지를 장식하고 떠나는 당신에게 박수를 보냅니다.'

그는 '세상을 바꾸는 시간, 15분' CBS 교양 프로그램에서 '태도의 힘'을 주제로 강의했고 그 강의는 유튜브에서 43만 번 이상 재생됐다. 여기에서 그는 인생에서 중요한 다섯 가지 태도(5S)를 이렇게 정리했다.

① Sorry(미안하단 말을 잘해라)

언제 어떤 경우건 미안하다는 말이 중요하다. 상황에 따라서 '미안합니다' 쿨 하게 미안하다고 이야기해라. 미안하다고, 됐다고…… 어쩌구저쩌구 하면 안하느니만 못하다. 상사건 후배건, 어른이건, 아이들이건 미안하다는 말을 잘 해야 한다.

② Simple(목적을 단순화하라)

인생에서 진북(眞北)을 찾아야 한다. 나침판만 보면 북쪽을 알 수 있다. 단순하다. '왜 신문사를 다닙니까? 월급 받기 위해서 다닙니다.' 그래서 신문을 읽고 불만을 토로하는 독자에게도 감사했다. 왜냐하면 그런 고객이 없으면 나의 기자 존재 의미가 없었으니까.

③ Surprise(감탄사를 남발하라)

소통하는 데 중요한 것이 공감력이다. 감탄사를 남발해야 한다. 우리는 어느덧 감탄사를 잃어 버렸다. 법정스님의 이야기 중 나이 먹는 것을 두려워 할 것이 아니라 감성이 마모되는 것을 두려워해야 한다는 이야기처럼 마흔 넘어가면 누구를 만나면 아주 반가워해주는 동안보다는 동심의 마음이 중요하다.

④ Sweet(상대방을 따뜻하게 대하라)

나한테 부드럽게 대해주는 사람에게 나는 좋은 사람이라고 생각한다. 우리가 엘리베이터에 갇혔을 때도 마음이 편해지는 사람이라면 더할 나위 없다. 따뜻하고 부드러운 태도를 갖은 사람은 대우를 받는다. 그 유명한 오프라윈프리는 누구보다도 '누구를 만나도 따뜻하게' 하는 일을 잘 했다.

⑤ Smile(웃음이 인생을 바꾼다)

긍정적 생각이 웃음을 부른다. 미소는 긍정의 힘이다. 딱딱하지 말고 말랑말랑해야 긍정적이다. 특히 말이 씨가 된다. '고맙다, 잘 될 것이다.' 긍정적인 말을 하는 사람이 뭐든 잘된다. '난 안 돼, 못해' 이러면 정말 안 된다. 긍정적인 말을 나에게 해줘야 한다. 평소의 이런 태도가 인생을 바꾸어 놓는다.

5장
10년 후 당신 인생을 책임져라

지금이 당신의 10년 후를 책임질 시기이다

　40대가 골든타임이라는 것은 두말하면 잔소리다. 20대, 30개가 골든타임이라 말하는 사람도 있지만, 아니다. 50을 넘은 대부분의 사람들은 40대가 골든타임이라고 말한다. 그만큼 활동성이 많고 소득도 상당히 올라갔을 때다. 제일 중요한 포인트는 아직 청년처럼 젊다는 점이다.

　당신은 현재 당신의 나이를 인정하고 있는가? 아마 인정하지 않을 것이다. 무슨 내가 중년의 나이, 실제로 40대는 펄펄 나는 시기이고 정신적으로도 젊은 청년과 같다고 생각할 것이다. 나의 경우는 50 중반인데도 아직 청년과 같다는 착각 속에 살았고, 실제로 정보력과 컴퓨터 활용능력, 독서량은 청년 못지않은 활동을 하고 있다. 40대에는 직장, 사업 외에 배우고 공부해야 할 일이 생각보다 많다. 한 가지 만 예를 들어보면, 컴퓨터 활용

능력과 다양한 스마트 기기 활용을 알아가는 것이다. 50~60대에 디지털 기기에 익숙한 사람보다는 익숙지 못한 사람을 많이 볼 수 있는데, 이런 기기를 잘 다루지 못하는 사람은 살아가는 데 많이 불편해 한다.

당신은 지금 45세라고 가정해보자. 그리고 직장 경력이 15년 정도 됐다고 하고 결혼은 좀 늦어 아이 둘이 지금 초등학교를 다니고 있고 부부는 맞벌이를 한다고 가정하자. 그러면 대략 하루의 일과, 주간 일정이 상상이 된다. 대부분 아이들 중심으로 생활이 짜일 수밖에 없다. 아이들 때문에 즐겁기도 하고 한바탕 집안에 큰 소리도 들리고 하는데, 천금 같은 자식들에게 열이면 열 가지 다 잘 해줘야 한다는 생각이 있다면 이제는 그들에게 50% 자율권을 이양하고 자신을 보살펴야 한다. 이것은 마당 쓸고 돈 줍는 격이다. 무리한 제안일지 모르지만 빡빡하게 짜인 스케줄에 치여 자립심과 독립심이 자유스럽게 성장하지 못하는 아이들이 많아지는 사실이 매우 안타깝다.

시험을 잘 보는 아이보다 사회에 적응을 잘하는 창의적이고 자립심 강한 아이 지도가 더 중요하다고 본다. 그래서 적당히 거리를 두고 지켜보면서 잘못된 방향만 잡아주면 된다고 본다.

나는 아이들 교육에 거의 잔소리를 하지 않았다. 아내도 아이들에게 엄마 한 사람만 잔소리해도 충분하니 아빠는 최대한 관여 자재를 요구했다. 나는 오히려 잔소리 할 시간에 필요한 자기계발을 하며, 열심히 살아가는 아빠의 모습을 보여주고 싶었다. 아내는 아이들 양육과 학습지 선생 일을 양립했는데 아내도 초등학교 때 딸, 아들을 직접 가르치다가 포기하고 다른 학습지 선생님에게 부탁했다. 그때 기억으로 아이들은 엄마의 가르침에 집중이 안됐고, 충돌하는 일이 잦았다. 아이들은 엄마가 가르쳐주는 것을 싫어했다. 보통 아이들도 대부분 그렇고, 충고가 많아지면서 잔소리로 듣게 마련이다. 친절하게 운전연수를 해준다고 나섰다가 이혼하는 부부가 있다는 말도 이해가 간다.

나는 40대 중반에 사업부 실적 스트레스로 잠을 설치기도 하고, 회식이 길어지는 날은 폭탄주 세례를 받는 날도 있었다. 한번은 집에 와서 화장실로 가서 헛구역질을 하며, 토하기도 했으니 남편하나만 믿고 있다가 큰일 나겠다고 아내는 생각한 것 같다.

어느 날 아내는 공인중개사 인터넷 동영상 공부를 시작했다. 첫째 아이가 고3일 때 일찍 아이를 학교 보내고, 매일 책상 앞에서 인터넷강의를 들었다. 고3 엄마라는 직업은 엄청난 것인데, 본인이 고3이 된 것이다. 그리고 당시에는 학원의 수학 강사를 하고 있었는데 강의교안을 만들고 시간 맞춰 학원 강의를 나갔다.

내가 출근할 때 일어난 일이다. 아내는 독하게 공부를 했고, 그 간절함에 19회 공인중개사 시험에 합격했다. 그때 나이 48세. 딸 대입 준비하면서 자신도 미래 준비를 했다. 그 후 드디어 빛을 발하게 되었다. 장롱 속에 고이 간직해뒀던 자격증이

2015년 봄 공인중개사 사무소 개업을 결심하게 되고 완전히 직업을 바꾸었다.

자격증은 6년 만에 세상에서 빛을 보게 됐다. 간판 디자인을 하고, 블로그를 만들고, 선팅지를 발랐다. 책상을 들여오고 컴퓨터와 인터넷을 개통시켰다. 산뜻하게 명함 디자인도 했다. 사업지원은 다 내 몫이었다. 아내는 나하고는 전혀 다른 일을 하지만 초보답지 않게 고객에게 활기차게 브리핑을 하는 전문가의 아우라가 보인다.

아내는 40대에 미래 준비를 한 덕에 50대에 골든타임을 다시 한 번 만들고 있다. 여성회관에서 스포츠댄스로 건강을 지키며, 새로운 친구를 만나게 됐고, 기타와 드럼을 취미로 일과 여가로 완전히 다른 삶을 살고 있다. 40대에 인터넷강의 공부가 없었으면 어림도 없는 일이다. 아내는 당시 내가 회사 생활에 지친 것을 보고 더 늦기 전에 자신이라도 10년 후 미래를 준비해야겠다는 각오를 했던 것 같다.

나는 2011년 평화방송의 김태원이 진행하는 '열정으로 두드림(Do Dream)'에 두드리머로 출연한 일이 있었는데 이 프로그램은 청년들에게 꿈을 심어주는 프로그램으로 청년들에게 인기가 높았다.

김태원은 구글코리아 최연소 입사자로 널리 이름이 알려졌고, 대학생이 만나고 싶은 사람 1위, 고3 학생이 만나고 싶어 하는 멘토 1위로 손꼽히고, 대통령 직속청년위원회 위원으로 활동했다. 그가 10년 전 자신과의 고독한 싸움을 이겨낸 독백이 있다.

'말없이 커서만 깜빡이는 컴퓨터와 마주하고 그렇게 10개월을 보냈다. 늘 잠은 부족했고, 글 쓰는 일은 역시 외로운 싸움이었다. 지금은 눈물 나게 그리운 시간이지만, 그때는 멍하니 먼 하늘만 바라보고 있기도 했었다.

어떤 목표에 대한 열정이 뚜렷할수록, 어떤 일을 즐기면 즐길수록 느껴지는 감정들은 매우 농도가 짙다. 때로는 내 인성의 바닥을 보았고, 거친 말이 입가에서 맴돌기도 했다. 그런 생각들은 아마 정말 하고 싶은 것이 있을 때, 그것을 하고 있을 때 얻어가는 아프지만 소중한 선물일 것이다.'

그의 강연 중에 의미 있는 이야기가 있어 소개한다.

'나는 소설가가 되고프다고 말하지 마라. 나는 소설을 쓰고 있다고 표현해라.'

생각만하고 실행하지 않으면 아무짝에도 쓸모없다는 이야기이다.

> 40대가 골든타임이라는 것은 두말하면 잔소리다. 그중에 제일 중요한 포인트는 아직 청년이라는 점이다.

당신만큼은 40대를 헛되게 보내지 마라

나는 40대가 골든타임이었고 지금까지 그 여세를 몰아가고 있다. 앞만 보고 달려왔기 때문에 다행스럽게 내가 하고 싶은 일을 못한 것은 시간이 부족해서 못한 것이지 노력이 부족해서 못한 부분은 그리 많지 않다. 그러나 어느새 인생 후반전 고민을 해야 하는 나이가 훌쩍 지났다. 50이 넘었다는 것은 100세 기준으로 반은 지났지만 아직 청년의 마음을 가지고 있으며, 미래를 긍정적으로 보며 살아가고 있다.

40대까지 겪은 경험과 다양한 인적 네트워크 그리고 업무지식, 사물을 보고 판단하는 능력 대부분 40대에 형성됐고 이제 그 기반을 활용하고 응용하고 있다. 10년 전보다 오히려 지금이 더 진보적으로 변했다.

자신의 10년 후를 생각해보라. 우리나라의 10년 후 모습은 어떨까? 나는 어디에서 무엇을 하고 있을까? 그리고 내 자녀는 어떤 환경에서 생활하고 있을까? 이 질문은 10년 후 대한민국이 고령사회에 들어섰을 때 지금과는 완전히 다른 사회라는 것을 스스로 인지하지 못하기 때문에 질문을 하는 것이다. 65세 이상의 고령자가 20%가 되는 시기를 '초고령화사회'라고 하는데 얼마 전 1년 당겨져서 대한민국은 2025년에 초고령화시대가 온다. 출생율이 낮아져 고령화율이 당겨진 효과이다.

그 시기에는 50대 836만 명(1차 베이비부머 700만 명 포함)은 이미 60대를 넘어서고 40대 884만 명(2차 베이비부머 600만 명 포함)은 50대이다. 당신은 당연히 50대이다. 지금 50대는 산업화 과정에서 어느 정도 자산을 형성했고, 부동산 가격 상승 혜택을 받은 사람이 많지만, 40대는 그런 혜택 수혜가 없었다. 그렇지만 1997년 IMF 외환위기, 2001년 주택가격 폭등, 2003년 카드사태, 2008년 글로벌 금융위기와 같은 어려운 시련은 다 겪었고 10년 후에는 고령화사회 버스 운전을 해야 하는 처지이다.

2007년 초 미국의 신용 경색을 예견한 몇 안 되는 경제학자 조지 매그너스는 '고령화의 영향에서 자유로운 사람은 없다'라고 했다. 그는 고령화는 국가 재정을 좌우할 수 있고, 나아가 세계 경제 판도를 바꿀 수도 있는 문제라고 이야기하고 있다.

나는 부정적인 이야기를 가능하면 안하는 편이지만 고령화 사회 문제는 정확히 알고 넘어가야 한다고 생각한다. 왜냐하면 65세 이상 인구가 20%가 넘어서는 시기가 10년 밖에 남지 않았고, 20%가 되기 전부터 사회는 고령화문제로 많은 정책이 바뀌고 상당한 문제에 봉착할 것이다. 특히 저소득층, 중산층에게는 저축과 연금이 부족하면 문제는 더 심각해진다. 이 현실은 남의 이야기가 아니고 나의 이야기고 당신의 이야기이다.

원래 문제는 동시다발로 발생된다. 저출산과 경제양극화는 고령화문제와 함께 해결해야 할 문제다. 10년 후를 생각해서 단단히 준비하지 않는 사람은 두 가지, 세 가지 폭탄을 맞을 각오를 해야 한다. 40대는 이 국가적인 문제를 안고 가는 중심 세대이고 그 문제를 해결해야만 생존이 가능한 세대이다. 역사상 이런 짧은 산업화에 고령화를 겪은 국가는 대한민국밖에 없다. 이를 해결할 방안은 분명히 있을 것이지만, 이 문제를 극복할 스스로의 경쟁력을 갖추는 방법이 최선이다. 개인적으로 그 길밖에 대안이 없다.

그래서 황금 같은 시기에 미래를 위한 시간투자를 안하고 시간을 헛되게 보낸다면 다시 한 번 땅을 칠 것이다. 이것이 마치 다른 사람 이야기라고 생각할 때가 아니다. 그래서 폭탄 이야기를 들으면 어리둥절할 수 있다. 50이 넘어보지 않고 50을 이야기하기 곤란하다고 여러 번 이야기했다. 참 시간은 빨리도 가고 50은 잠깐 사이 온다. 10년 후 당신은 고령화사회 국가를 이끄는 중심 대열에 있고 당신은 50대이다.

전 세계적으로 고령화문제는 확산되고 있다. 사회학자들은 전 세계 고령화 인구는 매년 3억 명씩 늘어나고 있어 사회는 지금과 다른 패러다임이 필요하고 한다. 그 첫 번째 이유가 고령화로 노인 실업이 증가하면서 경제적 빈곤이 초래되기 때문이다. 노인 실업증가는 경제가 위축될 뿐만 아니라 사회복지비용이 급격히 증가하기 때문에 경제적인 체력이 악화될 수밖에 없다. 일본이 초고령 국가로 모든 걸 보여주고 있다.

이 문제는 40대도 발 벗고 나서야 한다. 미래 주권을 주장할 필요도 있고, 고령화 시나리오에 동참, 리스크를 낮춰야 한다. 40대가 객으로 방관자로 국가적인 대안과 대책을 지켜보다가 현실에 봉착할 때 큰 코 다친다.

이제 청춘을 자기 멋대로 즐기다 노년에 후회하는 내용의 희곡 『페르귄트』를 소개하고자 한다. 노르웨이 '헨릭 입센'의 작품으로 부와 권력에서 오는 정신적 황폐, 과대한 야망의 덧없음을 발견케 하는 이야기다.

게으름이 몸에 밴 페르귄트는 허황된 꿈만 좇고 살았으며, 집안을 재건할 생각은 하지 않고 지나친 공상에만 빠져 살림은 말이 아니었다. 그는 애인 솔베이지를 만나 첫눈에 사랑하지만 어느 날 마을 결혼식에 나가서 다른 남자의 신부 잉그리드를 빼앗아 산속으로 달아났다. 얼마 되지 않아 잉그리드를 버리고 산중을 방황하다가 마왕의 딸을 만나고 마왕은 그의 딸과의 결혼은 강요했다. 마침 아침을 알리는 교회의 종소리가 들리며, 그는 마왕의 딸을 임신 시킨 채 간신히 살아남는다. 그는 실패 후 다시 첫 여인 솔베이지에게 돌아온다.

그러나 잠시뿐 재차 먼 바다를 떠돌며 부자가 되었으나 노예 매매, 쌀장사로 더 큰 욕심을 부리다 상인들의 배신으로 빈털터리로 전락한다. 그러나 이번에는 예언자 행세를 하여 다시 부자가 된 그는 아라비아로 추장 의붓딸 아니트라를 만나 거드름을 피우며 살았지만 또다시 전 재산을 탕진하고 만다. 거지가 되었고 정신이상자로 몰리기도 했다. 한편 솔베이지는 쓸쓸히 페르퀸트를 생각하며 그리움을 노래한다. 마지막에는 신대륙으로 건너가 캘리포니아에서 금광으로 큰 거부가 되었다. 그는 그 동안 번제물을 배를 전세 내어 싣고 귀국하는 길에 고향 해안을 눈앞에 두고 암초에 걸려 난파당한다. 다시 무일푼이 되었고, 페르 퀸트는 거지나 다름없는 꼴로 산중 오두막에 다다른다. 그곳에는 이미 백발이 된 솔베이지가 페르퀸트를 기다리고 있다.

이제는 늙어 꼬부라져서 눈도 거의 보이지 않지만 아직도 그를 사랑하고 용서하는 솔베이지의 환영을 받는다. 그는 솔베이지를 껴안고 '그대의 사랑이 나를 구해주었다'고 하면서 자리에 쓰러진다. 늙은 페르퀸트는 솔베이지의 무릎을 베고 자장가를 들으면서 파란만장한 생을 마감한다.

인생을 제멋대로 살아온 페르퀸트의 생은 딱하고 비참하다. 페르퀸트의 인생 새옹지마를 우습게 여기지 말라는 것이다. 무책임한 가장과 무분별한 사랑의 끝은 비극일 뿐이다.

성실하게 살아온 40대여, 당신만큼은 40대를 헛되게 보내지 마라. 인생은 대충 막 살면 안 된다. 그래서 40대 인생을 소중하게 다루기 바란다.

> 10년 후를 생각해서 단단히 준비하지 않는 사람은 두 가지, 세 가지 사회문제에 폭탄을 맞을 각오를 해야 한다. 역사상 이런 짧은 산업화에 고령화를 겪는 국가는 대한민국밖에 없다.

반전의 혁신 스위치를 리셋 하라

　변화를 미루고 새로운 세상에 관심이 없는 사람은 앞으로의 인생에 변화를 기대할 수 없다. 변화 시도 조차 안하고 있다면 대단한 강심장이다. 프랑스 황제 나폴레옹은 '생각할 수 있는 시간을 갖도록 하라. 그러나 행동을 해야 할 때가 되면 생각하기를 멈추고 바로 행동으로 뛰어들어라'라는 이야기를 했다.
　시간이 흐르고 '아! 그렇구나'라고 뒤늦게 깨닫지 말고 연어처럼 흐르는 물을 치고 올라간다면 당신의 미래는 좋아질 것이다. 그렇다고 저절로 되는 일은 없고, 스스로 깨닫고 변화하는 길 외에 지름길이 없다는 각오가 필요한 때이다. 그렇다고 너무 세상을 두려워 할 필요도 없다. 왜냐하면 지금까지 당신은 당신 인생이 성숙하는 과정에 끊임없이 변화했기 때문이다.

40대를 향해 대한민국은 지금보다 더 많은 정부와 기업의 관심과 투자가 필요하다고 생각한다. 중장기적으로 국가의 중심축이기 때문에 선투자가 필요하다. 40대는 대한민국을 끌고 갈 중심축이다. 대한민국의 허리이다. 청년실업, 결혼, 출산, 주거에 대한 문제는 20대, 30대의 문제이지만 장기적으로 상당부분 40대가 부담을 지게 된다. 그래서 국가의 미래의사 결정도 40대 참여가 중요하다고 본다. 실제로 국가는 저 출산, 고령화, 청년실업문제로 40대에게 따로 관심을 둘 여력이 없으나 10년 후를 생각하면 국가의 허리인 40대를 위한 국가적 차원의 관심이 커져야 한다고 생각한다.

 나는 5년째 가는 동네 단골 헤어숍(샤인)이 있다. 과거 들렀던 대부분 헤어숍은 머리를 자를 때 혹시나 해서 신경이 쓰이곤 했지만, 이곳 원장은 그런 일이 한 번도 없었으니 다른 헤어숍에 갈 필요가 없게 됐다. 적어도 한 달에 한 번은 가는데 세상 사는 이야기부터 헤어 관리까지 폭넓은 대화로 힐링의 시간을 즐기고 온다. 그는 40대의 삶을 이렇게 이야기했다.

 '40대는 오늘 벌어도 벌어도 한이 없어. 40대는 뭔가 하지 않으면 안 돼요. 주 5일제잖아. 그러니 옛날엔 피자를 먹어보긴 했어, 아니면 테이크아웃 커피를 한잔 먹어보거나 했어. 근데 자식들은 제가 원하면 뭐든지 할 수 있어. 지금 자영업 하는 사람은 어디 뭐 마음대로 가고 싶어도 갈 수가 없어요. 어림도 없지. 무슨 영화야, 지금 이렇게 나와서 오늘도 일해야 돼. 돈이 제일 많이 들어갈 때잖아.

돈이 너무 많이 들어가. 40대 무슨 여행 다니고 그래. 우리는 집사고 여유가 없어서 안 쓰고 모으는 것이 아니야. 10년 후가 되면 이 일도 만만치 않을 건데 노후 준비도 지금 해놔야 해. 그러니 머리 아파.

정말이지 지금은 그때 가서도 내가 기반이 없으면 죽을 때까지 남의 밑에서 일해야 되. 나는 나이 먹어서 그러기 싫어. 정안 되면 뭐든지 해야 되는 시대야. 40대에 돈이라도 많이 준비 해놓으면 그나마 다행인데 그리고 나처럼 자영업을 하는 사람은 그날 벌어서 쓰고 조금 저축하잖아.

나 같은 소상공인은 조금씩 저축이라도 하지만 월급 받는 사람은 정말 더 스트레스 받을 거야. 왜냐면 빤하잖아. 수입은 정해져 있고 나가는 지출은 늘어나고, 어디 요즘 애들은 돈 먹는 기계야. 아주 장난이 아냐. 용돈 말고도 툭하면 손 내밀어. 월급쟁이들 대충 아는데 그렇다고 어떻게 해결할 수 있는 방법이 없는 거잖아.

그래도 자식 있는 사람들이 살아가는 자체가 다 그것 때문이지. 아이들 때문에 살아가는 힘이 생기는 것이지 다른 거 없어.'

'부모의 희생, 자식사랑, 그리고 미래준비'를 가감 없이 들을 수 있었다. 자식 이야기가 나와서 창의력을 키우는 이야기를 하나 소개한다. 아이가 어리다면 도움이 될 만한 이야기이다. 40대 초반의 가수 이적의 어머니 '박혜란' 작가의 '다시 아이를 키운다면'의 자녀 교육에 대한 이야기이다.

　3형제가 서울대학교에 합격하며 이적의 어머니는 세상 엄마들의 부러움의 대상이었다. 먼저 그는 '내 인생에 욕심내자. 아이에게 욕심내지 말고!'가 결론이다. 세 아들을 공짜로 서울대에 보내 화제가 된 그는 '집안이 어질러져 있어야 아이들의 상상력이 자란다. 아이에게 공부건 놀이건 스스로 즐기는 법을 터득하도록 충분한 시간을 주고, 남이 어떻게 아이를 키우고 있는가는 참고사항일 뿐 그것에 휘둘리지 말아야 한다'는 것을 강조했다.

　아이들에게 충분히 자기 시간을 주는 것이 핵심이고, 그 역시 아이들이 어떻게 해야 창의력이 커지는지 잘 모른다고 하며, 단 '남에게 해를 끼치지 않는 일만 아니면 아이들이 무슨 일을 해도 말리지 않는 게 좋고, 칭찬을 아끼지 않으면 금상첨화'라고 한다. 이러한 모습은 바로 자신이 하고 싶은 일을 스스로 선택했다는 즐거움과 자부심에서 나오며, 부모가 아이를 위해 할 일 세 가지를 추천했다.

　① 아이의 호기심을 묵살하지 않고, ② 아이에게 시간의 족쇄를 채우지 말며, ③ 될 수 있는 한 아무 과제도 없이 그저 자유롭게 놀 시간을 주는 것.

　새로운 술을 담으려면 새 부대를 준비한다. 오래전부터 인간은 타성에 젖어 변화를 두려워하고 현실에 안주하려는 본능이 있어, 우리는 경험적 습관으로 새로운 마인드 셋업을 하는 것이 어렵다. 타성이 나를 제어 한다면 당신은 절대 바뀔 수 없다. 그 지경까지 됐다면 당신은 이미 반은 죽은 사람이다.

그렇다면 이제는 자신의 새로운 미래를 준비하는 인생 리셋이 필요하다. 40대는 필요한 모든 자원을 얻을 수 있다. 본인이 가지고 있는 것을 재정리하고 새로운 포대에 옮겨 담는 시기가 40대이다.

자, 이제부터 40년을 경제활동을 한다고 가정할 때 필요한 것을 다시 찾아보자. 그동안의 경험과 경륜, 스토리, 리스크, 나쁜 습관, 안 좋은 기억 등 모든 것을 전체적으로 재정리를 해보자.

곰곰이 생각해보자. 무엇을 리셋하고 무엇에 동기화해야 하는지. 무엇을 버려야 하고 무엇을 담아야 하는지. 생각의 틀을 어떻게 바꾸고 실행의 요소가 무엇인지. 어떻게 정리하고 어떻게 실행할 것인지 전체적인 밑그림을 그려보자. 앞으로 1주일, 1개월, 3개월 이 정도만 설정해보자. 단기적인 목표로 중요한 것보다 가능하면 쉬운 것부터 설정해보자. 이렇게 1년만 끌고 나가도 당신의 변한 모습을 볼 수 있을 것이다. 우선 이런 시간적 관념에 자신의 미래를 반영해볼 것을 제안한다.

'창조적 파괴'라는 단어로 유명한 '슘페터'는 케인즈와 동시대에 살았던 경제학의 양대 산맥인데 그는 '최악의 시나리오를 대비하지 않는 것이 가장 나쁜 계획이다'라고 이야기했다. 우리 개인도 마찬가지다. 더 이상 이야기 안 해도 의미를 알 것이다. 자그럼 눈을 감고 전쟁 같은 삶, 드라마틱한 삶을 살아온 당신의 아름다운 미래를 위해 혁신 스위치를 리셋 하라.

> 우리는 경험적 습관으로 새로운 마인드 셋업을 하는 것이 어렵다. 타성이 나를 제어하려 하는 한 절대 바뀔 수 없다. 그래서 이미 반은 죽은 사람이다.

40대에 중요한 일곱 가지

① 자기계발

보통 직장인들은 매달 또박또박 나오는 월급이 매력적이다. 어쨌거나 아침 9시 출근해서 일 마치고 퇴근하면 통장에 한 달 쓸 생활비가 들어온다. 그러나 직장에 매여 있어 자기시간을 내기란 여간 어렵지 않다. 그래서 시간이 지난 후 '그때 바빴어도 내 시간을 냈어야 하는데……'라며 지나간 시간을 아쉬워한다. 그러면서 나만 자기계발을 안한 것이 아니길 바라면서 오늘도 그냥 또 하루가 넘어 간다.

그러나 그것은 큰 오산이다. 상식적으로 자신을 포함해 대부분의 사람들이 어영부영할 것 같지만 실은 안 그렇다. 대한민국의 40대는 자기계발을 위해 일주일에 평균 2.3시간을 쓰고 있다. 2, 3시간 미만인 독자는 두 손 들고 반성해야 한다.

아무리 시간을 쪼개고 아껴 쓰려고 해도 회사가 우선이다 보니 자기계발을 할 시간이 없어서 그랬다는 핑계는 더 이상 필요 없다. 그렇다고 정기적으로 운동이나 취미활동을 열심히 해서 행복했다면 다행스러운 일이나 이것도 저것도 아닌 사람은 시간을 너무 의미 없이 보낸 것이다.

2015년 취업포털 파인드잡이 전국 직장인을 대상으로 설문조사를 한 결과 직장인 10명 중 7명은 항상 시간이 부족하다고 느끼는 '타임푸어족'이었다. 이들은 시간이 없어 포기할 수밖에 없는 분야 1위로 '자기계발'(23.7%)을 꼽았다.

한편 한국건강증진개발원이 인크루트와 함께 직장인 대상으로 설문조사를 진행결과 2016년 가장 이루고 싶은 계획은 자기계발이라는 응답이 29.7%로 가장 높았다. 많은 사람이 꼭해야 한다고 생각하고 있으면서 시간을 핑계로 계속 미루고 있는 모양새이다. 알고 있으면서 미루는 자기계발은 그만큼 생각만큼 쉽지 않다는 결론이다.

세계적으로 수명이 연장되고, 저출산에 저성장이 지속되기 때문에 자기계발이 더 중요하게 됐다. 거기다가 세계경제는 인터넷, 스마트 기술로 패러다임 변화가 가속화 되어 자기계발이 필연적인 일로 됐다. 그리고 국가도 전 국민에게 학습의 기회를 열어주고 평생교육의 다양한 기회를 저렴한 비용으로 이용할 수 있도록 하고 있다.

적어도 10년이 지나면 세상은 지금과 다를 것이라는 것을 누구나 인정하지만 10년을 내다보고 자신을 추스르는 사람은 적다. 한 가지 전문직에 진입하면 미래가 보장되던 시대도 지나서 이미 하나의 직업으로 미래가 보장될 것이라고 생각하는 40대는 별로 없을 것이다.

  한번 배워놓은 지식만으로 경쟁력을 유지하기 어렵기 때문에 의사, 변호사, 교사, 연구원 생산기술자, 정치가 모두 앞으로의 변화에 선제적으로 자기계발 없이 그 자리를 유지하기 어렵다.

  요즘은 본인의 의지만 있으면 적은 비용으로 다양한 교육을 받을 수 있다. 공공기관, 자치단체, 인터넷과 다양한 미디어를 통해 자기계발, 창업, 재취업 교육정보를 얻을 수 있다. 의외로 좋은 강연이나 전시회도 많고, SNS에서 그런 정보를 스마트하게 포착할 수도 있다. 퇴근 후 혹은 주말을 이용해 다양한 교육 프로그램 혹은 행사에 참여하고, 이를 통해 지금하고 있는 일 외에 새로운 기회를 발견할 수 있을 것이다.

  대한민국 국민은 교육에 대한 투자와 열정은 세계 최고 수준이었고 경제성장의 원동력도 교육이었다. 대한민국 도약의 사다리는 교육이 상당한 역할을 해왔지만 사실 그 열기가 서서히 식어가고 있는 것이 현실이다. 예를 들면 성인 2015년 국민 독서 실태 조사에 따르면 우리나라 성인의 1년 평균 독서량은 종이책 기준 9.1권으로 한 달에 책 한 권도 안 읽는다. 문화체육관광부는 대다수 성인들이 시간적, 정신적 여유가 충분하지 못하고, 스마트폰의 잦은 사용으로 인하여 독서에 투자하던 열정과 노력이 점점 감소하고 있기 때문이라고 보고 있다.

매일 자신의 삶을 슬기롭고 세련되게 그리고 배우지 않으면서 평온한 삶을 살아가겠다는 것은 처음부터 가당치 않은 일이라고 성현들은 분명하게 이야기했다. 부족한 시간 핑계로 자기계발을 더 이상 계속 미루지 마라.

> 적어도 10년이 지나면 세상은 지금과 다를 것이라는 것을 인정하지만 10년을 내다보고 자기계발 하는 사람은 적다.

② **참여**

미래사회를 '초연결사회'라고 말하고 있다. 초연결사회에서 가장 중요한 것은 '개방성'이다. 전 세계가 시공간을 넘어 연결되어 있고 거의 모든 것이 개방되고 있다. 그러면서 커뮤니티의 범위가 강력해지고 넓어졌으며, 커뮤니티는 보이지 않는 개인의 강력한 자산이 됐다.

한 가지 예를 들어 보면 변화가 심한 요즈음은 새로운 비즈니스나 새로운 직장을 얻고자 할 때 나를 아는 이웃이 상당히 도움이 될 수 있다. 그래서 뜻하지 않게 당신에게 이웃은 새로운 문을 열어 줄 수 있다. 그래서 참여, 네트워크, 커뮤니티가 주된 목적이지만 실리추구의 방편으로 이용되고 있다.

그래서 당신의 온오프라인 친구들이 소중한 것은 말할 필요가 없다. 이제 그 친구들에게 무엇을 얻을까 보다. 내가 베풀 수 있다는 생각으로 바꾼다면 어려움을 겪을 때 해결의 열쇠를 그 이웃이 쥐고 있을 수도 있다.

마이클 샌델의 『돈으로 살수 없는 것들』에 친구 이야기가 있다. 페이스북에서 잘생긴 '친구'를 월 99센트에 고용하여 자신의 온라인 인기를 끌어 올릴 수 있었지만 가짜 친구를 소개해주는 이 사이트는 모델 허락 없이 사용하여 폐쇄되었다. 돈으로 서비스를 살 수 있을지 모르지만 실제로 친구는 돈으로 살 수 없었다. 우리는 모든 것을 상품화 하는 시대에 살고 있지만 친구의 관계는 마음이 교류하는 것으로 돈으로 사고 팔 수 없다.

내가 가지고 있는 관계를 보자. 전화번호, 벤드, 오프라인 모임, 동기동창 커뮤니티는 일과 관계가 된 것도 있고 그렇지 않은 것도 있다. 보통 직장이 몇 번씩 바뀌는 경우에도 전 직장의 동료들과는 간간히 만나서 밥 먹을 수 있는 관계가 필요하다.

미국의 경제사회학자 마크 그라노베터의 사회연결망 이론 '약한 유대 관계를 홀대하지 말라'에서 '약한 연결의 힘'의 결론은 '가까운 친구들(강한 연결)보다 먼 지인들(약한 연결)이 새로운 정보를 제공할 가능성이 높을 때도 있다'고 주장한다.

직장을 옮기거나 새로운 비즈니스, 새로운 정보를 연결할 때 약한 유대 관계가 강한 유대 관계보다 더 중요하다는 것이 확인됐다. 이직한 사람들이 새로운 직장을 어떻게 알게 되었는지 조사한 결과 27.8%가 약한 연결을 통해, 16.7%가 강한 연결을 통해, 55.6%가 중간 세기의 연결을 통하며, 실제로 약한 연결이 '의외로' 힘을 보여준다는 것을 입증했다. '직장에 대한 정보를 친구가 주었는가?' 질문에도 많은 경우 응답자들이 '친구 말고, 아는 사람'이라고 말한다.

간단히 말해 안면 있는 사람의 숫자는 당신의 파워풀한 자산이다. 직장인이나 사업가나 정치를 하는 사람 모두 안면 있는 사람이 많으면 많을수록 도움이 될 것이다.

'호초'의 커넥터가 되기 위한 일곱 가지 습관 일곱 번째 이야기를 소개한다. '일단 안면이 있는 사람들과의 교재에 따르는 의무를 피하지 마라. 단, 친하지만 무심한 사회적 관계를 유지하고 무심한 만남을 즐겨라.'

호초의 주장은 이런 의미이다. 정기적으로 만나는 친구 외에 몇 년에 한 번 혹은 모임이나 교육에서 우연히 만난 사람, 함께 여행에서 만난 친구도 '약한 연결' 유대관계를 소중히 하라는 이야기다.

예나 지금이나 인맥을 통한 비즈니스가 대세이다. 그중에 온라인 친구는 비즈니스에도 종종 활용되기 때문에 본인이 하고 있는 업무 분야나 새로운 분야에서 적극적인 커뮤니케이션으로 정보를 공유하는 데 익숙해져야 한다.

보통은 40대 들어서면서 급격히 자기 일과 관계없는 일에도 관심을 갖는다. 평소 잊고 살았던 친구도 다시 찾는 시기이다. 취미가 같은 사람들을 온라인 친구로 맺기도 하며, 동일 관심사로 친구가 되기도 한다. 그렇지만 새로운 네트워크 구축에는 적극적인 사람이 있는 반면 소극적인 사람이 있다. 가능한 관계망을 넓히고 세상을 넓게 볼 필요가 있다. 온라인이든 오프라인이든 친구나 정보공유 제안을 받았다면 빠른 회신(반응)이 상대에게 훨씬 좋은 인상을 줄 것이다. 시간이 부족하거나 관리가 어렵다면 우선 '좋아요'를 누르면 상대방은 당신을 우선 생각할 것이다.

> 초연결사회에서 가장 중요한 것은 '개방성'이다. 정보화시대, 초연결사회에서는 시공간을 넘어 거의 모든 것이 개방되고 연결되고 있다.

③ 건강

손톱에 가시 하나만 박혀도 정상적인 생활이 어려울 만큼 인체는 신비하다. 평소에 건강관리는 그만큼 중요하다. 수면시간이 1시간만 줄어도 벌써 다음날 표가 나듯이 몸은 신비스러움 자체이다. 자신의 몸은 자신이 가장 잘 알기 때문에 이 부분도 주인이 스스로 챙겨야 한다. 정기적인 건강 검진을 하고, 정기적인 운동과 정신건강까지 좋다면 가장 이상적인 건강관리이다.

급속한 생활 환경변화로 건강 위험요소인 '비만, 흡연, 운동부족, 스트레스와 불규칙한 식사' 등에 많이 노출되고 있고, 이로 인한 질병발생 위험도가 높아져 가고 있는데, 당신은 지금 어떤가? 혈압이 높다든가 복부비만으로 고민하고 있는 것은 아닌지? 아니면 몸짱에 20~30대를 뺨 치는 외모관리를 유지하고 있는지? 커리어우먼으로 24시간이 너무 짧지는 않은지? 뭐 웬만하면 자기관리 특히, 건강관리 부분에는 높은 점수를 주고 싶다.

당신에게 퇴근 후 저녁시간에는 술 약속을 가능한 줄이라는 말은 못 한다. 술도 좋고 운동도 좋다. 그러나 선택은 그때그때 달라진다. 건강한 체력이 없이는 어떠한 것도 하기 곤란하기 때문에 어찌됐던 헬스클럽을 정기적으로 가는 것은 술자리 안 빠지는 것보다 중요하다고 할 수 있다.

고령화사회에 치명적인 문제가 건강하지 않게 오래 산다는 문제인데 이는 미리 준비하는 방법 외에 별다른 대안이 없다. 노화가 시작되는 40대부터는 관리가 필요하며 건강검진에 특히 신경을 써야 한다. 특히 국내 성인의 암 발생률이 높은 '위암, 대장암, 폐암, 간암, 전립선암, 유방암' 검사를 꼼꼼히 받아야 한다. 5년에 한 번 꼴로 권고되는 대장내시경 검사를 제외하고는 대부분 매년 검사를 받는 것이 좋다. 여성의 경우 40대부터 '갑상선암, 유방암'에 걸리는 빈도가 급격히 높아져 이에 대한 검사

항목을 빼놓지 말아야 한다.(인터넷신문 하이닥, 2016.02.17.)

암은 우리나라에서 사망원인 1위를 차지하여 예방과 치료가 어려운 가장 무서운 질환으로 인식되고 있다. 아래 표는 국가암정보센터의 2013년 5대암 유병율이다. 유병률은 어떤 특정한 시간에 전체 인구 중에서 질병을 가지고 있는 비율을 나타내는 것으로 새롭게 발병하는 발병율과 다르다.

국가암정보센터 자료에 의하면 우리나라 국민들이 기대수명까지 생존할 경우 암에 걸릴 확률은 36.6%였으며, 남자는 5명 중 2명, 여자는 3명 중 1명에서 암이 발생할 것으로 추정하고 있다.

대한민국 5대암 유병율

순위	남자	여자
1	위(24.7%)	갑상선(32.8%)
2	대장(18.8%)	유방(19.1%)
3	전립선(9.2%)	대장(10.0%)
4	갑상선(8.1%)	위(9.8%)
5	간(6.2%)	자궁경부(6.0%)
기타	폐, 신장 등(32.4%)	폐, 난소 등(22.3%)

세계보건기구 산하 국제암연구소(IARC)의 보고에 따르면, 암 사망의 30%는 흡연에 의해, 30%는 식이요인에 의해, 18%는

만성감염에 기인한다고 한다. 그밖에 직업, 유전, 음주, 방사선, 환경오염 등의 요인도 각각 1~5% 정도이다.

따라서 일상생활에서 적용할 수 있는 암 예방 생활습관으로 암 발생 인구의 ⅓은 예방 가능하고, ⅓은 조기 진단만 되면 완치가 가능하며, 나머지 ⅓의 환자도 적절한 치료채소와 과일을 잘 먹으면 완화가 가능한 것으로 보고 있다. 참고로 국가암정보센터의 국민 암 예방 수칙은 '담배를 피우지 말고, 음식을 짜지 않게 먹고, 하루 30분 이상 땀이 날 정도로 걷거나 운동하기, 건강 체중 유지하기'가 있다.

의술의 발전으로 수명이 길어지는 미래 사회는 고령화 인구가 급속히 늘어나지만 뇌를 지배하는 의술은 완전히 해결되지 않고 있다. 예를 들면 치매와 같은 퇴행성 뇌질병은 정신적 장애로 생명 연장의 문제에 봉착하게 된다.

현재 우리나라의 65세 이상 노인 10명 중 1명이 치매를 앓고 있으며, 2015년 치매 환자 수는 66만 명을 넘어섰다. 치매로 발전할 수 있는 경도인지장애를 가진 사람까지 포함하면 65세 이상 노인 중 20%가 치매환자로 분류하기도 하고, 여성이 남성보다 2배 높게 유병율이 나타나는 특징이 있다. 치매로 인한 사회적인 문제가 파생되는데 일례로 치매로 실종되는 노인이 2015년에만 9천여 명에 이르고 있다. '치매 걸린 우리 부모님 좀 찾아주세요'라는 전화가 늘어나자 경찰은 치매노인의 '지문 사전 등록제'를 실시하고 있고 정부 부처별로 관련 대책 안을 내놓고 있을 정도이다.

평균수명이 늘어남에 따라 치매환자의 증가 속도는 더욱 빨라져 100세 시대 아이러니하게도 세계는 치매를 극복하기 위해 필사적 대응책을 찾고 있다. 〈유엔미래보고서 2045〉(박영숙, 제롬 글렌)에 의하면 치매 정복을 위하여 알츠하이머 치료보다는 대안으로 주목받는 기술로 잃어버린 기억을 복원하는 '뇌 임플란트' 시술이 등장할 가능성을 제시하고 있다. 뇌의 소규모 영역을 복제할 수 있는 기억장치를 임플란트 해서 장기적으로 기억 복구를 한다는 방법이다.

김기웅 국립중앙치매센터 센터장(서울대 의대교수)은 '치매 예방을 위해서는 생활 습관에 변화가 필요하며, 습관이 좋아지면 치매 발생률을 50%까지도 낮출 수 있다' 한다. 치매 예방원칙은 두뇌 활동을 늘리고, 체중·혈압 낮추고, 담배와 이별하는 것이다.

데이비드 마호니의 『은퇴 없는 삶을 위한 전략』에 소개된 건강 정의는 이렇다.

힘: 일할 수 있는 근육의 능력
유연성: 스트레치 능력과 근육, 관절막의 운동 반경
지구력: 운동을 계속할 수 있는 능력. 이것은 심장과 폐 기능에 달려 있다.

평상시 컨디션의 네 가지를 아래와 같이 제시하고 있다.

과도: 한계를 약간 넘어서는 것

진전: 언제나 조금 더 하는 것

규칙: 주 서너 차례 운동하는 것

유지: 새로 하는 것보다 유지하는 것이 더 쉽다는 규칙. 익숙해지는 데는 12주가 걸리는데, 잊어버리는 데는 2주면 충분하다.

예전 같으면 정신건강 이야기를 많이 하지 않았으나 지금은 정신노동 강도가 높고 정신건강관리는 부족한 상태에서 육체적인 수명은 더 늘어나고 있다. 따라서 육체건강과 정신건강이 병행되어야 한다. 이쯤 되면 육체악 정신건강 둘 중에 뭐가 더 중요한지 알 수 있을 것이다. 둘 다 중요하다. 40대에 자기계발만큼 건강이 중요하고 건강은 건강할 때 스스로 지켜야 한다. 건강을 관리하는 방식은 각자 자신에 맞는 설계를 하고 관리하고 있을 것이라 믿는다.

> 정기적인 건강검진을 하고, 무엇보다 꾸준히 운동을 하고 스트레스를 줄이는 것이 중요하다. 건강에서 올바른 생활습관과 식습관도 빼놓을 수 없다.

④ 취미

취미(趣味)는 인간이 금전적 목적이 아니라 기쁨을 얻기 위하여 하는 일로 세 가지 특징이 있다.

1) 좋아하는 데에서 시작한다.
2) 지속성이 있다.
3) 돈벌이를 목적으로 하는 직업과 구별된다.

위키백과에는 취미를 여러 가지로 분류하고 있다. 영화감상과 같은 '예술', 독서와 같은 '지식활동', 여행 같은 '탐사활동', 요리 같은 '만드는 활동', 바둑 같은 '순수한 놀이', 열쇠고리 모으기 같은 '수집 활동', 헬스 같은 '육체 활동', 화초 기르기 같은 '기르는 활동' 등이 있다.

얼마전만해도 직장인들은 보통 퇴근할 때 생각은 사무실에 놔두고 몸만 퇴근하는 경우가 많았다. 우스갯소리로 상사가 자리에 앉아 있으면 퇴근하면서 '집에 좀 다녀오겠습니다'라고 퇴근하는 경우도 많았다. 그만큼 직장에 대한 실직 두려움에 편하게 퇴근을 못했던 자화상이다.

이런 부작용으로 많은 기업에서 워커홀릭이 오히려 기업의 장기적 발전에 장해요인으로 받아들이고 있다. 회사와 집을 분리하고 퇴근하면서 힐링과 리플레쉬의 습관이 필요하다. 취미와 여가 시간을 통해 자신을 리프레쉬 해야 다시 현장에서 일에 집중할 수 있다. 장기전에 더 중요한 것은 본인의 힐링과 여가의 습관화이다.

40대가 지나가기 전에 자신이 좋아하는 취미를 반드시 가져야 한다. 40대는 열정적으로 일을 하는 것도 좋지만 때때로 자신이 쉴 수 있는 시간과 공간, 취미가 필요하다. 그래서 취미 이야기를 빼놓을 수 없다. 지금은 시간이 없다지만 삶의 윤활제로서 차차 쉴 시간이 많아질 수 있으므로 적어도 2~3개 이상 취미를 개발해야 한다.

평소 취미를 개발하지 않은 사람은 회사일이 유일한 낙이라고 여기고 있지만 장차 자신의 미래에 취미가 없이 밋밋한 시간을 보낸다면 길어지는 여유시간을 어떻게 책임질 것인가. 때때로 여유와 취미를 갖는다는 것은 10년, 20년 후를 위한 중요한 투자 중 하나이다.

현대인은 정신적인 피로도가 높다. 그 스트레스의 누적으로 번 아웃(정신적 탈진상태)을 느끼면 상당한 회복 기간이 걸린다. 평소 부딪침이나 스트레스를 상당부분 취미생활로 극복하게 된다. 나름대로 즐길 거리를 못 갖는다면 자신의 직업에서 마냥 엔도르핀이 나올 리 없고 반복되는 일로 피로도가 높아질 때 코티졸 호르몬이 왕성하게 증가하는데 이를 막는 가장 좋은 방법이 취미활동이다.

나 역시 40대 말까지 별다른 취미를 개발하지 못했고 40대

말에 아내와 함께 시작한 드럼을 지금도 하고 있다. 처음 2달은 두 손과 양발을 움직인다는 것은 정말 쉽지 않았다. 옆 사람을 보면 나만 못 따라가는 것 같았고, 연습량이 부족한 나는 포기하고 싶은 마음도 생겼다. 그러나 아내에게 중간에 포기하는 사람으로 보이기 싫었던 자존감이 포기를 이겨내고, 이제 노래 연주가 가능하게 되었다.

그리고 신문보기도 좋은 취미이다. 나의 아침은 대문 앞 신문꽂이에서 신문을 들고 오면서 시작된다. 신문 2개를 약 30분정도 읽으면서 하루가 시작된 것이 이제 거의 취미가 됐다.

신문보기가 나를 놀라게 변하게 하는 요인일까? 신문이 안 꽂혀 있는 일요일은 새로운 하루 같지가 않다. 아침마다 새로운 정보를 배달하는 신문은 새로운 하루를 시작하는 비타민이 됐다. 그래서 신문을 만나는 즐거움과 기다림도 일종의 취미이다.

독일의 신경심리학자 마야 슈토르트와 정신의학자 군터 프랑크는 『휴식능력 마냐나』에서 제대로 휴식할 줄 아는 것을 능력으로 제시하고 있다. 그는 부교감신경을 집중적으로 활성화 하는 능력을 휴식능력으로 설명하고 있다. 스트레스가 쌓여 면역시스템이 무너지고, 소화 장애, 비만, 심리 거부, 섹스 불능, 심혈관 질환 등 없던 병도 생길 수 있다고 경고한다.

심심치 않게 오랫동안 즐겨온 작은 취미가 있는데 앞마당 가꾸기이다. 마당에는 봄부터 가을까지는 배꽃, 민들레, 앵두, 제비꽃, 튤립, 철쭉, 라일락, 장미, 백합, 도라지, 백일홍이 차례대로 꽃이 핀다. 이들은 적어도 일주일에 한 번은 물을 흠뻑 주어야만 싱싱하게 자란다. 담장을 타고 가는 포도나무나 덩굴장미도 한 번씩 가지치기를 해야 깨끗하다. 감나무는 5년생인데 대봉 20개 정도가 초겨울까지 정감 있게 매달려있다.

12월 들어서면 제일 큰 나무인 백일홍 나뭇가지에 크리스마스트리를 설치한다. 반짝이는 조명이 두 가지가 있고, 미니 종, 선물박스, 솔방울이 전부이다. 그중에 반짝이는 조명 하나는 20년이 훨씬 넘은 놈이라 특별히 아끼는데 아이들이 어릴 때 아파트 베란다에서 반짝이던 조명이다. 오래되기도 했고, 조명 색깔도 매력적이고 해서 내가 제일 좋아하는 놈이다. 조명은 이웃들에게 추운 겨울에 온기를 전하고 있다고 나는 믿고 있고 어둠에 조명 스위치를 누르는 기분이 참 좋다.

옆집 사시는 어르신과 동네 아이들도 반짝이는 조명에 와~ 하고 환호성이다. 우리 집 조명은 3개월 정도 동네에 따뜻한 온기와 정을 나누는 즐거운 도구이다. 꽃과 조명으로 힐링도 하고, 이웃에게 기쁨도 주고 있다.

짬짬이 자신을 위한 취미생활은 지금 당장 자신을 행복하게 할 뿐만 아니라 미래에 자신의 삶을 풍요롭게 할 필수 비타민이다. 취미가 있는 사람은 일이 끝내고 다른 분야에서 행복을 찾을 수 있다. 일이 잘 안되거나 어려움이 있으면 반드시 일 이외의 취미로 에너지를 보충 할 수 있다. 정적인 취미, 동적인 취미 모두 좋다.

오늘 최선을 다했다면 새로운 내일을 위해, 최선을 다한 나를 위해 쉴 수 있도록 자신의 여가와 취미를 잘 활용해야 한다.

> 짬짬이 자신을 위한 취미생활은 지금 당장 자신을 행복하게 할 뿐만 아니라 미래에 자신의 삶을 풍요롭게 할 필수 비타민이다.

⑤ 스마트

스마트폰은 세상에 나온지 불과 5년 만에 세상을 뒤집어 놓았다. 실로 놀라운 변화이다. 그래서 그 짧은 시간에 라이프스타일이 확 바뀔 정도로 세상이 빨리 변했다. 좋은 점도 많지만 넘치는 정보 때문에 스마트 세상에서 내가 도태될까 두렵기도 하고, 스마트기기 기반 서비스의 지나친 소비로 중독 부작용도 있다.

텔레비전 앞에서 본방을 볼 필요가 없어졌고 언제 어디서나 원하는 콘텐츠를 꺼내볼 수 있게 스마트폰이 플랫폼을 통합했다. 나는 2001년부터 2010년까지 미디어전문가로 활동해서 방송통신 융합과 모바일기기 기술발전, 미디어 생태계 변화를 예측하고 전략을 수립하는 일을 하면서 어느 정도 예측은 했지만 이렇게 세상이 빨리 바뀌리라고는 생각하지 못했다.

전 세계가 스마트폰 세상에 빠져 들었다. 그래서 생활의 상당부분이 이 스마트폰 안에서 이루어지고 있다. 그중에서 특히 대한민국은 변화에 대응하는 능력이 아주 뛰어나서 그 어느 나라보다고 빨리 스마트 세상에 신속히 대응했다.

대한민국은 스마트세상으로 변하면서 기술적 우위로 상당히 덕을 본 나라다. 신기술은 미래 먹을거리이며, 국가 핵심 전략 산업인데 대한민국은 스마트 기술을 잘 활용했다. ICT(정보통신기술) 세계적인 기술 보유국으로 ICT기반 제조업 경쟁력은 세계 5위다. ICT수출은 세계 3위로 당당히 정보통신 기술 선진국으로 평가 받고 있다.

언제부터인지 4차 산업혁명 이야기가 자주 소개되고 있다. 스마트폰 확산으로 4차 산업혁명의 시작이 빨라졌다. '4차 산업혁명'은 2016년 1월 스위스 다보스에서 열린 세계경제포럼 총회의 핵심 주제로 떠올랐다. 인류 산업혁명은 18세기 증기기관의 탄생과 방적기의 발명으로 1차 산업혁명이 시작됐고, 19세기에 컨베이어벨트가 자동차 공장에 분업과 자동화 개념이 확산된 2차 산업혁명, 20세기 후반 컴퓨터 및 인터넷혁명으로 요약되는 3차 산업혁명에 이어 IoT와 인공지능을 기반으로 사이버 세계와 물리적 세계가 네트워크로 연결돼 '사이버-물리 시스템(Cyber-Physical Systems; CPS)'에 기반을 둔 4차 산업혁명이 급부상하고 있다.

4차 산업혁명은 디지털혁명이라는 3차 산업혁명을 기반한 융합기술혁명으로 인류 전체에 막대한 가치를 창출할 것으로 내다보고 있다. 5세대(5G)통신, 사물인터넷(IoT), 인공지능(AI)기술이 다시 한 번 산업의 패러다임을 바꿀 것이고, 빠른 속도로 전 산업에 확산되어 '지능정보사회'로 변화가 가속화 될 것이라고 보고 있다. 먼 미래로만 여겨졌던 4차 산업혁명이 눈앞에 성큼 다가온 상황이다. 다행스럽게 3차 산업혁명에 빠르게 대응한 대한민국도 4차 산업혁명을 민첩하게 다루고 있다.

신기술은 일상생활 깊숙이 생활화되고 있다. 대표적으로 '구글, 페이스북' 같은 글로벌 기업의 기술 중심 서비스는 국가 개념이 없이 생활화하고 있을 정도이다. 40대는 신기술과 콘텐츠, 인문, 예술, 스포츠를 융합할 수 있는 강력한 파워를 가지고 있는 유일한 세대이고, 가장 스마트 기술과 스마트 환경에 익숙한 세대이다. 대한민국의 미래에 스마트 한 40대가 있어 든든하다.

나도 스마트세상을 포기하지 않고 잘 따라가고 있다. 블러그, 페이스북은 기본이고, 포토샵, 원격컴퓨터 정보조회가 가능하다. 듀얼 모니터를 쓰고 있으며, 에버노트로 자료를 보내고 보관한다. 물론 스케줄은 스마트폰에 기록되고 있다. 가끔 드롭박스로 작업파일을 공유하고, 화상회의는 행아웃으로 하고 있다.

한편 정보가 너무 많아 솔직히 왜 이런 기계가 나와서 계속 사람을 괴롭히는지 속상하기도 하다. 왜냐하면 심심하면 핸드폰을 열어보는 중독증세가 생겨서 눈이 많이 피곤하고, 시답지 않은 정보에 시간을 소비하여 자신을 탓하기도 하고 자중하기도 하지만 여간 힘든 일이 아니다.

어떻게 하겠는가. 계륵 같은 존재이기 때문에 스마트 환경에 적응하는 방법 외에 방법이 없는데……

스마트 기기와 친해져야 하는 이유 세 가지가 있다.

1) 다양한 정보를 활용한다.
2) 네트워크와 커뮤니티로 관계 범위를 넓힌다.
3) 유용한 편의서비스 활용이다.

적절히 시간만 투자한다면 스마트기기는 삶에 유용한 도움을 주는 것 같다

다음은 스마트워크 세상이다. 일도 스마트해졌다. 시공을 초월한 일의 처리방식, 정보의 빅데이터화, 불편함이 없는 무한용량의 네트워크에서 공유, 클라우드, 원격 지원, 실시간 HD급 화상회의 등 스마트워킹이 완성되고 있으며, 스마트정부, 스마트오피스, 스마트타운, 스마트홈으로 스마트 활용 범위가 확장되고 있다. 과거 공상과학이나 미래 영화 등에서 접할 수 있었던 새로운 서비스가 현실이 되고 있다.
스마트 혁명은 세대 간의 차이를 확 좁혔다. 정보력 또한 평준화 됐고, 문화적 생태 지형도 바뀌면서, 삶의 패러다임을 바꾸고 있다.

> 스마트폰 기술은 4차 산업혁명의 시작이다. 이제 5세대(5G)통신, 사물인터넷(IoT), 인공지능(AI) 기술로 산업의 패러다임이 다시 한 번 바뀔 것이다.

⑥ 직업

직업은 생계를 유지하기 위하여 일상적으로 종사하는 일을 말한다. 쉽게 이야기 하면 생계를 꾸리기 위해 직장을 갖는데 그때 직업을 가졌다고 이야기 하며, 직업이 두 개가 있으면 투잡이라고 한다.

직업은 신성하고 존엄한 가치를 가지고 있다. 직업은 그 일을 통해 물질적 생활을 유지해 나갈 뿐만 아니라 정신적으로도 안정을 얻는 주축으로 삼고 있는 것이다. 사회 비평가 러스킨은 '모든 사람은 다 같이 일하고, 또 생계를 세울 권리를 갖는다. 법률가도 이발사도 일의 가치에 있어서는 아무 차이가 없다'고 했다. 오늘날 직업은 사농공상 관념은 없어지고 그 대신 모든 직업의 사회적 가치가 강조되고 있다. 직업은 우리의 모든 삶과 밀접하게 연결되어 있다.

40대에는 직업적으로 과도기에 있다고 볼 수 있다. 직장이 자주 바뀌는 경우도 있고, 자영업에 뛰어드는 경우도 생긴다.

아니면 사업이나 자영업을 하다가 다시 직장을 들어가는 경우도 많다.

직장을 그만두는 경우 미리 직장을 준비하고 그만둬야 한다는 이야기를 듣는데 누군들 그렇게 하고 싶지 않겠는가? 직장을 미리 준비할 정도면 걱정할 일이 없다. 어쨌든 회사를 그만두었다고 할 경우에 발생되는 심리적인 압박이 크고, 부양가족이 있는 세대주라면 당장이라도 어디든 가려는 의욕이 앞서지만 40대를 쉽게 채용하려는 회사는 그리 많지 않다. 한번 회사를 그만두면 재취업이 그렇게 생각만큼 쉽지 않다.

이제는 안정된 직장, 안정된 사업이라는 것이 존재하지 않는다고 보는 것이 맞다. 그래서 '사' 자가 붙은 시험에 붙어도 직장을 확보하는 것이 쉬운 일이 아니며, '빌게이츠, 주크 비그, 마윈, 손정의'도 성공한 기업가라고 하지만 끊임없이 성장하지 않으면 그들도 불안하기 때문에 살아남기 위해 누구보다 자기 직업에 충실한다.

불확실한 미래 때문에 신규 사업을 펼치고, 새로운 기술에 대규모 투자를 한다. 엄청난 연봉으로 인재를 스카우트하기도 하고, 사업 비전이 없으면 과감히 정리를 한다. 보통사람들보다 머리 아픈 일이 수백 배는 될 것이다. 의사결정, 자금운영, 경쟁전략, 미래전략, 기술경쟁, 소송, 노동조합, 종업원 복지, 상속과 사회기여 등 어디 쉬운 것이 하나도 없다. 그래서 자기사업을 위해 누구보다 직업에 충실하고 있을 뿐이다.

대한민국 근로자의 평균 근속기간이 5.6년으로 OECD 국가 중 매우 낮다. 100대기업의 평균 근속년수는 12년으로 비교적 높지만 수명이 길어지면서 큰 의미가 없어졌다. 그뿐만 아니고 정년이 보장된다는 공무원들도 어느 정도 되면 다시 새로운 직장을 찾아야 하는 실정이다. 사실 정년이 보장된다는 말도 서서히 무너지고 있다. 행정자치부는 2017년부터 지방공기업 1,028곳의 경영적자로 개선 요구가 이어져 143개 지방공기업 4급 이상 직원에 대해 '성과연봉제'를 도입해 우선 철밥통 연봉제를 깬다.

그러다보니 40대 이후에 이력서를 써야 할 일이 종종 생기는데 막상 전문가가 볼 때 이력서, 자기소개서 수준은 낮은 수준이다. 새로운 직장이나 직업을 선택할 때 이력서, 자기소개서에 따라 운명이 바뀌는데 A4 2~3장으로 요약하는 기술이 10명이면 8명은 약하다.

입사 담당자나 의사결정자는 A4 3장으로 1차 채용을 결정한다. 면접, 인터뷰는 다음일이다. 엉터리 옛날 이력서 조금 수정해서 제출하면 거의 바로 휴지통으로 들어간다. 3장에 인생이 바뀐다면 며칠 밤을 새워서라도 완성도를 높여야 한다. 고생을 하며 직장생활과 사업을 해왔었는데 이력서에서는 실력자라는 점이 글로 나타나지 않으면 한마디로 '땡'이다. 고생 고생한 경력이 물거품이 된다. 서류로 봐서는 다 고만고만하다. 그런 가운데 눈에 뜨는 이력서는 반드시 있다. 그래서 반드시 A4 3장에 혼을 싫어야 한다. 보통 몇 시간 만에 뚝딱 끝내던지 너무 인색한 나머지 단지 30분 만에 끝내는 경우도 있다. 어쨌든 새로 직장을 구하는 상황이라면 밤을 새서라도 멋진 이력서, 소개서를 만들어야 한다.

나 또한 직장을 옮길 때는 매우 치밀하게 준비를 했다. 그 회사를 분석하고 나의 입사서류를 최대한 회사에 맞춘다. 어떻게 당신 회사에 적합한 인재인지 맞춤 답안을 준비한다. 어떤 일을 할 때 나는 계획(기획)하는 데 시간을 많이 투자하는 습관이 있다. 계획하는 시간은 아무래도 집중하고 여러 가지 경우의 수를 생각하여야 하므로 힘들고 고통이 따른다. 그러나 그 순간만 넘기면 일사천리로 일은 쉽게 된다. 처음 시작할 일에 대한 고민의 폭이 깊을수록 그 일의 결과도 좋을 가능성이 훨씬 높다.

바둑을 예로 들어보면 바둑 고수는 몇 수 앞을 보고 바둑알을 놓는다. 적어도 프로들은 5수는 계산한다. 상대의 한 수에 다섯 가지 경우의 수가 있다면 각 경우에 다시 각각 다섯 가지 이상의 대응 수가 발생된다. 그래서 무한대의 경우를 생각하는 수준이 되고 결국 한 점으로 승패가 좌우된다. 그래서 기사들은 한 점 놓는데 1시간이 걸리기도 한다.

오랜 시간 고민하다 수를 던졌는데 그게 오히려 패착이 되는 경우도 있다. 이런 일은 일상에서 흔치 않지만 고심해서 내린 결정이 안 좋을 때가 있다. 이런 경우 머리를 너무 굴리지 말고 마음이 끌리는 대로 선택하라는 말은 결과가 안 좋았을 경우 위로할 수 있는 이야기이지 최선은 실행하기 전에 심사숙고하는 것이 훨씬 결과가 좋다. 간혹 '장고 끝에 악수 둔다'는 말은 이런 경우하고 다르다. 장고를 하지도 않는 사람에게는 악수를 따질 일도 없다.

모든 것이 그렇게 단순한 것이 없다. 직장을 옮긴다면 왜 치밀해야 하는지 더 이상 이야기 안 해도 충분히 알 것이다. 바둑알 한 알 때문에 패배하는 것과 비슷한 의미를 생각하며 준비하면 된다.

나는 아웃플레이스먼트(전직) 글로벌회사인 인지어스와 경기도 고양시 고용노동부 위탁기관에 근무를 하면서 40대는 공통적으로 주된 직장을 옮기면 이후 직장을 또 쉽게 옮기는 것을 보아왔다. 새 직장은 기득권자들이 주도권을 잡고 있고, 웬만한 사무직은 임시직(비정규직)으로 대체하려는 경향이 커지면서 정규직 취업자리가 부족하다.

특히 공공기관은 이 부분이 심하다. 기존 정규직이나 무기계약직은 어느 정도 정년이 보장된 터라 중도퇴사 충원을 할 일이 거의 없다. 그래서 공무원을 준비하는 유능한 인재들조차도 그곳에서 인턴을 하거나 비정규직으로 사회생활을 시작하고 그곳을 못 떠난다. 그러다보니 '정년보장과 공무원연금'의 메리트로 공무원 공채 경쟁률이 50대 1에 이르는데 이는 국가적으로 큰 사회적 비용이다.

계약직으로 입사가 된다면 1~2년 후에 다시 직장을 옮기는 것이 현실이고 그렇지 않으면 그나마 일자리 찾기가 만만치 않다. 그래서 가능하면 지금 근무하는 직장에서 더 오래 근무를 하면서 자기계발을 하는 것이 최선의 길로 좀 더 지금 일에 집중하고 자기 시간을 잘 활용하는 전략이 바람직하다.

한국금융연수원에 한 강사는 나이가 60이 넘어도 왕성한 활동을 하고 있는 이가 있다. 은행 구조조정 차원에서 명퇴가 유행할 때 적지 않은 명퇴금을 받고 나와서 6개월 만에 본인이 원하는 금융관련 연수원에 재취업하여 강사로 활동하고 있다. 그럴만한 한 가지 이유가 있었다고 한다. 자신이 40대에 은행 경기가 좋았을 때 주말이면 동료들은 골프를 치러 나간다고 다들 야단이었다고 한다.

그러나 본인은 금융관련 자격증을 취득하고, 금융관련 책을 썼다고 했다. 몸이 근질근질했지만 이겨냈다고 했다. 지금은 입장이 바뀌어 동기들은 다 퇴직하고, 자기는 아직도 왕성하게 활동한다는 것이다. 그냥 우연히 만들어진 것이 아니라고 한다.

앞으로는 한 직장에서 평생 일하는 모습을 찾기 힘들고 대신 다양한 직장을 거치면서 일자리의 변화를 겪을 수밖에 없다. 직업의 소중함은 글로 표현하는 데 한계가 있다. 실업기간이 적어도 6개월 이상 겪어본 사람은 실업공포, 스트레스를 이해 할 수 있다. 인간은 꼭 돈 때문에 일하는 것은 아니다. 직업의 목적은 생계유지를 위한 돈벌이 뿐만이 아니고, 자아실현을 하고, 사회

구성원으로 사회적 역할수행을 하는 것이 중요하다.

  노후 준비를 위해 돈을 준비하지만 돈이 전부가 아니라는 것을 명심하길 바란다. 내가 경제력을 갖추고 있거나, 충분한 재테크를 해서 먹고사는 걱정은 없더라도 집밖에 나가서 할 일이 없거나, 어느 조직의 일원으로 사회구성원으로 함께 밥 먹고, 차 마시고, 소맥 한잔을 할 수 없다면 삶이 무기력해 지고 건강도 나빠진다. 노후는 이런 일상적인 것을 전제로 해서 재무적인 문제를 접근하는 것이 좋겠다. 재무는 나의 일(사회생활)과 건강과 병행되어야 한다.

  일을 통해 자존감이나 정체성이 확립되고 타인과 상호작용하면서 사회적 관계가 유지될 때 삶의 만족도는 올라갈 것이다.

> 직업은 신성한 것이고, 인간의 삶에 존엄한 일이다. 일은 사회구성원의 소속감뿐만 아니라 모든 삶에 필요한 필수 촉매제이다.

⑦ 노후재무

  당신은 몇 살까지 경제활동을 할 수 있을까? 사실 근래 이렇게 난감한 질문을 받아본 일이 없을 것이다. 지금도 살아가기 빡빡한데, 즉답이 곤란하지만 상당히 의미 있는 질문이다. 그래서 70점 수준의 아주 평범한 선배가 오버한다고 생각하시고 읽어주시기 바란다. 각자 필요한 내용만 취하시기 바란다.

이제부터 각자 자신의 재무를 알아보는 시간을 가져보자. 재무현황표는 보통사람들이 많이 헷갈려 하지만 이번에는 어렵지 않게 간결화 했다. 쉽게 알 수 있게 먼저 대한민국 40대 '가구주'의 재산상태를 표에서 확인할 수 있다.

평균 40대 가구주 순자산은 261백만 원(총자산 332백만 원, 부채 71백만 원)이다. 본인의 순자산을 계산해보면 도표의 평균값보다 낮게 나타날 가능성이 크다는 점을 염두에 두고 평균치는 단순한 참고로 활용하기 바란다. 왜냐하면 순자산 상위 20% 가구(순자산 5분위의 5분위)가 대한민국 '순자산' 전체의 58.4%를 점유하고 있기 때문이다. 순자산과 별개로 년 소득규모도 상위 20%의 소득점유율이 45.9%이다.

대한민국 40대 평균 자산, 부채

총자산(A)			총부채(B)		
내용		금액(백만 원, %)	내용		금액(백만 원, %)
실물자산	부동산	210(63%)	부채	담보대출	43(60%)
	기타(차량등)	20(6%)		신용대출	8(12%)
		230		신용카드 등	2(3%)
금융자산	저축액	71(21%)		임대보증금	18(25%)
	전, 월세보증금	31(9%)	합계		71
		102			
합계		332	순자산(A-B)		261

이 데이터는 노후를 위해 순자산이 얼마정도 되어야 하는지 기준을 제시하는 데이터는 아니다. 그 부분은 가구원수, 가구 특성과 환경이 모두 다르기 때문에 별개의 문제이다. 표는 2015년 3월 통계청, 금융감독원, 한국은행이 공동 발표한 '2015년 가계금융, 복지조사' 내용에서 발췌했고, 조사 가구주는 호주, 세대주와는 관계없이 그 가구원의 실질적인 생계를 책임지고 있는 사람이다.

40대가 고려해볼 사항으로는 첫 번째, 순자산을 늘려 나가는 것이다. 자산을 늘리고 부채를 줄여야 한다. 저축에 앞서 부채를 갚는 것이 우선이다. 평소지출 되는 매월 지출 항목을 적어보면 세상의 부는 누가 다 가져가고 나는 이것 밖에 안 되냐는 푸념만 나오고 남은 돈이 없다. 대부분의 사람은 비슷하다. 남는 것이 없어서 열심히 해야겠다는 긴장 원인도 된다. 집을 사거나 자동차를 구매하면서 아니면 생활비로 부채가 늘어난 경우 '부채'에 대한 두 가지 포인트에서 오버하면 안 좋다고 한다.

먼저 단기부담부채 지표이다. 매월 지출하는 부채 상환액이 가계소득에서 차지하는 비율이 25%를 초과하지 않아야 한다. 25%가 넘게 되면 저축할 수 있는 여력이 없기 때문에 갑작스런 실직이나 질병에 대처할 수 있는 재무계획을 세울 수 없다.

두 번째, 중기부채부담비는 총 부채가 금융자산의 10배가 넘으면 건전하지 않은 것으로 평가하고 있다. 이는 신용회복위원회 권고수치다.

　국민연금이 65세 이후 얼마씩 나오는 사람도 국민연금은 최저생활을 위한 수준이므로 위 표에서 순자산 목표를 계산해봐야 한다. 최상의 시나리오는 부채가 제로이면 관계없지만 부채를 가지고 있다면 적정부채율 이하 관리를 염두에 둔다. 대출금 상환도 우선순위가 있다. 담보가 잡힌 채무는 법원의 담보권 실행 시 매우 힘들어지기 때문에 우선담보가 있는 채무를 우선 갚아나가고, 그리고 대출금리가 높은 순서, 상환기간이 짧은 것, 연체기간이 긴 것부터 갚아나가도록 한다.

　자산을 증가시키는 것은 자신이 원하는 액수에 따라 달라지고, 그 질도 차이가 크다. 그래서 그 부분은 각자의 몫으로 저자가 이야기하기에 너무 어려운 부분이다. 참고로 대한민국 가계부채 총액 1,200조 원은 경제규모 GDP 대비 84%로 높은 가계부채이다. 보통 선진국은 GDP 대비 73% 정도이다.

　세 번째, 리스크 관리가 자신형성 만큼 중요하다. 투자활동과 노후설계를 위한 활동은 다르다. 노후를 좀 더 비중 있게 생각한다면 반드시 리스크를 줄여야 한다. 저축할 돈과 투자할 돈을 구분해야 한다.

　'저축'은 아껴서 모으는 것으로 원금 손실 위험은 없지만 수익은 매우 낮다. 반면에 '투자'는 가능성을 믿고 자금을 투하하는 것으로 손실을 감수해야 한다. 그러나 저금리 시대에서 투자상품을 활용하지 않고 자산을 불려나가는 것 또한 어렵게 되었다.

  트러스톤자산운용 연금포럼 '강창희' 대표는 3개의 주머니를 나누어 관리하라고 한다. 하나는 저축주머니이다. 주로 생활비, 학자금, 비상금에 해당되는 생계형 주머니이고, 또 하나는 트레이딩 주머니이다. 투자의 한 종류로 투기 주머니이다. 모든 사람이 가지고 있어야 하는 것은 아니고 자산의 20% 이내에서 권하며, 열심히 공부하는 사람은 고수익을 얻는 경우도 있다. 그러나 직접투자는 기대 수익이 큰 만큼 리스크도 그만큼 크다. 마지막 주머니는 자산형성주머니로 장기적으로 리스크도 분산하고 수익은 높이는 장기분산투자이다. 저금리 시대에 1%대 금리에 돈을 맡겨 두면 쥐꼬리만큼도 안 되는 이자가 붙고, 주식시장은 변동성이 커서 엄두를 내기가 어렵다. 그 대안으로 분산투자를 많이 찾게 됐고, 선진국은 대부분 이 방식으로 노후자산형성 주머니 포토폴리오를 운용하고 있다.

  노후를 위한 재무설계를 40대에 시작한다면 리스크 높은 투자를 공격적으로 하는 것은 자재해야 한다. 단기 재테크로 생활비를 벌고 싶은 유혹에 고민하고, 주변에는 재산을 두 배로 늘리는 법, 1억 원 투자에 월수입 50만 원 보장의 유혹에 흔들리지 말고, 초저금리시대가 현실화되어서 고수익을 내는 것이 어렵게 되어 한번 공격적인 투자를 해보겠다면 심사숙고하기 바란다. 짧은 생각으로 투자를 한 경우 보통 주식이든 부동산이든 그 이후 손실로 이어지면 땅을 치고 후회한다. 거기다가 관리를 게을리 하여 매각 타이밍까지 놓치고 큰 손해를 보는 경우가 허다하다.

네 번째, 지출관리이다. 돈에 대한 관리방식이다. 수입을 늘리는 것이 가장 좋은 방법이지만 그 부분은 물리적으로 쉽지 않다. 따라서 수입을 늘리는 노력이 필요하고 다른 한편으로 중요한 것이 비용(지출)관리다. 투자나 수익에 대한 공부를 많이 하지만 저금리시대에는 '절약'을 소홀이 하면 자산을 늘리는 것이 쉽지 않다. 그래서 돈을 잘 쓰는 방법이 버는 만큼 중요하다. 기존에 소비하던 내역을 정리하여 불필요한 지출을 조정할 필요가 있다. 통신비, 시장바구니, 담뱃값……. 매월 지출하는 카드비용, 자동차 보험료를 포함해 일정 규모로 월 지출을 줄여야 한다.

우리는 과거 고성장, 고금리의 아주 특별한 40년을 살아왔기 때문에 커진 소비를 간과하고 있다. 잘사는 선진국 사람들의 시선으로 보면 과소비 요인이 많다. 주변의 시선을 의식하면서 하나씩 따져보면 하나도 줄일 것이 없다.

그래도 불필요한 소비를 하고 있지 않는지 스스로에게 질문을 던져보라. 내 차가 과연 나의 노후재무에 도움이 되는 할부금액인지, 경조사비에 부담을 많이 느끼는지, 과다한 교육비인지……. 평소 조금이라도 부담을 느꼈던 부분이라면 질문의 대상이다.

수입 규모에 맞춰 소비하던 습관 때문에 항상 여유가 없다. 그렇다면 언제 노후재무설계를 할 수 있겠나?

> 2015년 대한민국 평균 40대 가구주 순자산은 261백만 원(총자산 332백만 원-부채 71백만 원)이다.

무모하리 만큼 삶을 단순화하고 몰입했다

_ 김병완

어느 날 갑자기 11년간 몸담았던 회사와 작별을 한 그는 직장을 도서관으로 바꿨다. 그는 3년 동안 도서관에 출근 도장을 찍으며, 매일 10~15시간씩 책만 읽었다. TV도 보지 않고 도서관에서만 지내며 책을 읽었다.

원래 책 읽기와 별 인연이 없었고, 처음에는 얇은 책 한 권 다 읽는 것도 벅찼던 그는 1년 정도 지나면서 속도가 붙기 시작하며, 속독과 숙독이 가능해졌고, 의식의 폭발적인 팽창을 경험한 그는 책이 흘러 넘쳐서 어느 날 갑자기 터진 글쓰기의 욕망을 주체할 수 없게 됐다.

그는 이렇게 3년을 도서관에서 칩거한 후 2011년 말부터 본격적으로 글쓰기에 몰두하여 작가로 변신했다. 두보의 '독서파만권(讀書破萬卷) 하필여유신(下筆如有神)'이라는 구절이 있는데 '책을 만 권 읽으니 신들린 듯 글이 써진다'는 말대로 1만여 권을 읽으니 책 한 권 만드는 데 1주일이면 가능하게 되는 기적이 눈앞에서 생생하게 펼쳐졌다. 당시 작가가 되기 위한 목표를 갖고 읽는 것이 아니라 그냥 책을 읽다보니 책이 저절로 쓰이게 됐다. 그때부터 상상도 못했던 작가의 삶을 살게 되었다.

그는 40대에 완전히 인생이 바뀐 평범한 직장인으로 『40대 다시 한 번 공부에 미쳐라』, 『초의식 독서법』, 『박근혜의 인생』, 『안철수의 28법칙』 외 60여 권의 책을 출간했다. 그중에도 상당수가 베스트셀러에, 그리고 국립중앙도서관 추천 도서 목록에 올랐다. 현재는 한국퀀텀리딩센터, 미래경영연구소에서 독서법을 가르치는 '독서혁명 프로젝트, 저자되기 프로젝트'와 대학, 자치단체, 도서관에서 강의를 하고 있다.

그의 가장 큰 변화는 인생 후반기는 어떤 것도 제대로 시도해보지 못하고 세월에 떠밀려 살게 될 것을 예견하고 필요한 시점에 한 가지에 초집중하여 새로운 사십대를 살고 있는 것이다. 그에게 도서관은 '마법 학교'였으며, 내세울 것이 많은 이들과 경쟁에서 이길 수 있게 해주는 유일한 무기였다.

삼성전자 직장 경험과 만권의 독서를 통해 얻은 통찰력을 바탕으로 『이건희 27법칙』, 『이재용 제로리더쉽』을 펴내기도 했다. 이 책은 출간과 동시에 경제·경영 분야 베스트셀러로 떠올랐을 뿐만 아니라, 일본, 중국, 대만, 인도네시아, 브라질 등 세계 각국으로 수출했다.

그는 삼성전자 휴대폰 연구원과 6시그마 전문가로 11년간 책임연구원으로 근무하며, 스마트폰 신화 갤럭시를 세워 세계 1위 휴대폰 제조업체였던 노키아를 추락시킨 장본인 신종균사장과 갤럭시 스마트폰을 개발하느라 함께 밤을 샜던 멤버이다.

그의 인생이 변하게 된 배경은 심플하다. 회사 생활을 오래 하다 보니 무기력해진 스스로를 돌아보게 됐고, 죽도 밥도 아닌 자신이 껍데기 인생을 살았다는 것을 깨닫고 전혀 경험해보지 않은 일에 도전해보고 싶어 고민하다 39살 12월 31일 여느 때와 다를 바 없이 팀원들을 퇴근시킨 후 혼자 남아서 짐을 꾸렸고, 동료나 부인과 상의도 없이 퇴사 수속을 밟고 조용히 회사를 떠났다.

그는 어렸을 때는 그저 신나게 뛰어 논 기억밖에 없다고 하며, 약간 특별했던 게 있다면 동네 만화방에 있던 만화책을 거의 다 읽었다는 것과 일기를 초등학교 때 하루도 빠지지 않고 썼다는 것이다. 그는 지금도 자녀들에게 절대로 독서를 강요하지 않는다고 한다. 어린이는 말 그대로 마음껏 뛰어 놀아야 성장하고 발전할 수 있는 토대를 마련할 수 있기 때문이다.

어렸을 때 잘 놀아야 철이 들고 성인이 된 후, 책이나 여행 혹은 인생을 통해 겪는 여러 경험들을 의식 도약의 연료로 제대로 활용할 수 있다. 강요받고 성장한 아이들은 자립의식이 떨어질 것이라며, 늘 스스로 세상을 헤쳐 나갈 수 있는 자율적 성장이 필요하기 때문에 부모가 먼저 독서를 하는 선행이 중요하다는 것이다.

그는 1만 권의 책을 읽고 50권, 지금은 60권의 책을 썼지만, 지금도 책을 쓰고, 책을 읽으면서 책속의 보고를 찾을 때가 인생에서 가장 행복한 시간이라고 한다.

역사적으로 유명한 사람들의 공통점은 모두가 독서광이었다. 긴급조치 9호 위반혐의로 약 3년간 복역한 김대중 전 대통령은 옥중에서 하루 종일 독서를 했고, 이후 대통령직으로 바쁜 일정 때문에 독서를 할 시간이 없을 때는 교도소 생활이 그립다고 할 정도로 책을 좋아했다. 그 외에도 GE를 창립한 에디슨, 세계적 투자자 워렌버핏, 스마트폰을 생필품으로 만들어버린 스티브 잡스 모두가 엄청난 독서광이었다.

책을 읽지 않아도 사는 데는 지장이 없어 책을 꼭 읽어야 하는 이유는 없지만 책을 읽으면 읽을수록 자신의 성장과 기쁨을 느끼면 의식이 달라진다. 의식이 바뀐다는 것은 대단한 일이고, 일을 잘하는 사람과 못 하는 사람의 능력 차이는 그리 크지 않을 수 있으나, 의식 차이는 천 배, 만 배, 그 이상으로 벌어질 수 있다.

그는 보통 사람들은 자신이 KTX라서 시속 300km를 달릴 수 있는데 지금은 시속 50km밖에 달리고 있지 않는데 그것은 책을 안 봐서 그렇다고 주장한다. 우리나라는 독서 빈국이고 미국, 일본은 독서 강국이다. 우리나라 성인들은 1년에 책을 평균 10권도 안 읽는데, 미국, 일본은 60여 권을 읽는다.

반드시 독서 강국이 될 것이라 믿고, 인생에서 독서가 주는 무한한 깨달음을 얻도록 독서습관을 강조하고 있다. 대한민국을 독서 강국으로 만드는 것이 그의 꿈이다.

그는 열정적인 집필 활동과 독서법, 기업 경영전략, 인물비평, IT분야 경계를 넘나들며 이전과 다른 40대 삶을 살고 있다. 그를 변화시킨 신나는 인생 방법은 이렇다.

첫째, 뛰어내리는 결단. 그는 자기 자신에게 당당하게 살아가기 위해 이런 결단을 내렸다. 3년간 '집과 도서관'으로 생활을 단순화하기로. 이후 놀라운 변화를 체험하고 신들린 작가의 열반에 올라섰다.

둘째, 단순하게 사는 것. 이것저것 잘하려고 하지 말고 자신이 진정 좋아하는 일을 한 가지만 선택하였다.

셋째, 자기가 선택한 일에 미치게 되는 것. 선택한 일에 미치는 것이 바로 최고의 인생을 사는 것이다. 자기가 생각해 가슴 떨리는 일을 선택해 미치게 되면 기적이 일어나게 된다. 누구에게나 그런 일이 한 가지는 있다.

6장
인생역전을 위해 세 가지만 실천하라

인생역전의 정답은 재설계이다

나의 사랑하는 40대 친구 이야기다. '40대는 답답해. 대한민국의 주류 세대로 올라가는 것도 아니고, 비주류세대도 아니니. 이러다가 그렇고 그런 세대로 이어질 것 같아.' 문득 이런 사실을 안 순간 '이렇게 나이 먹으면서 그저 그렇게 살아가는 거구나'라고 깨닫고 정신이 번쩍 들었다고 한다.

40대는 낀 세대로 열심히 살아온 것에 비하면 정체성이 애매하다. 다만 40대가 비주류로 정체성이 모호한 낀 세대라는 말을 쓰면서 지금에 만족하지 못한다. 막말로 지금 이대로는 뭔가 부족한 것 같고 성에 차지 않는다. 모두 '현실을 어떻게 성공적으로 살아볼까?'에 대한 비슷한 생각을 가지고 있고, 변화를 열망하고 있다. 따라서 변화를 주도하면서 앞 세대와 뒤 세대를 모두 수용하는 융합의 주도세력이 되어야 한다.

데이비드 비스콧은 '누구도 당신을 변화시킬 수 없다. 당신 자신마저도 변화에 착수하기 전까지는'이라는 말을 남겼는데 착수하기 전까지 변화를 기대해서는 안 된다는 말이다.

새로운 목표를 지향하는 것도 좋지만 친구는 나에게 한마디를 더했다. '약간의 틀어짐을 가져야 한다'고 했다. 어느 책에서 나온 이야기인데 공감이 간다. 50대는 인내력과 추진력, 조직 충성도가 높고, 40대보다는 좀 어렵게 성장했다.

한편, 30대는 핫하다. 랩뮤직과 인터넷과 게임을 즐기면서 성장했다. 40대보다 상대적으로 경제적 어려움이 없었다. 대체로 자유로운 개방의 세대로서 오히려 개방적인 환경에 잘 적응한다고 볼 수 있다.

'혁신과 창조, 융합'은 대한민국 미래의 핵심단어인데 이를 가장 효과적으로 주도할 수 있는 세대가 40대라고 본다. 그래서 약간의 '틀어짐'에 대찬성이다.

나 역시 변화에 대한 불안감은 있지만 재설계 타이밍은 크게 놓치지 않고 있는 편이다. 만만치 않은 자기와의 싸움을 이겨내고 앞으로의 20년을 위한 재설계를 하고 있다. 우선 정보를 소비만 하는 내가 변해야겠다고 마음먹었다. 예를 들면 하루에 신문을 2개씩 읽고, 다양한 인쇄물과 책을 쌓아놓고 읽어도 답답한 지식적 갈증 해소가 안됐다. 그동안 정보 소비에만 익숙해진 삶의 결과이다.

이런 시간이 지나면서 변화가 왔다. 과다한 소비 덕분에 새로운 계기를 마련하게 된 것이다. 2015년 여름, 블로그와 페이스북 계정을 새로 만들었다. 콘텐츠는 나의 관심과 일상 그리고 일과 관련된 것으로 편성했다. 떠돌아 다니는 글이나 이미지를 가져오지 않고, 나만의 공간으로 양보다 질을 우선시하기로 했다.

그 후 나는 신문과 잡지에 리포트를 하고 칼럼을 쓰고 있다. 100% 정보 소비자에서 이제는 정보를 생산하는 생산자의 시각에서 사물과 글, 정보를 바라보게 됐다.

'생산적 행동', 이것이 최근 나의 재설계 핵심이다. 사소한 몇 가지를 정리하고 보완하고, 약간의 노력만으로 주변의 바라보는 시선이 달라졌고 자신감도 생겼다.

후배들이여, 50대 들어서면 많은 것이 바뀐다. 가능하면 재설계 기반을 40대에 가꾸기를 부탁한다. 미룰수록 쉽지 않다. 왜냐하면 뭐든지 하던 가락이 있으면 계속 명분을 이어간다. 별안간 하늘에서 뚝 떨어지는 경우도 있지만 보통 주변에서 계속 왕성한 활동을 하는 사람들은 지속적으로 새로운 사람과 관계하고 생산적인 활동을 한다. 결과적으로 40대의 선택, 습관, 관계망이 계속 업그레이드 되는 것이다.

'미래, 인간관계, 실업, 경쟁, 노력의 타이밍, 변화의 폭, 지속성, 로또' 이런 것들이 모두 40대 인생의 중심에 있다. 나 역시 평범한 사람이며 부족한 점이 많지만 지금까지 재설계를 하면서 상당한 자신감을 회복했다. 세상을 보는 눈과 나를 사랑하는 깊이도 깊어졌다. 앞으로는 더 많이 나를 사랑하고 더 많은 세상의 행복을 찾고자 한다. 특별한 나로서 나의 생각을 존중하고, 서투른 자아를 멋지게 차곡차곡 가꾸어 나가고 싶다. 재설계도 그 일환이다. 그동안 무심했던 내 삶을 존중하는 내가 되고 있어 다행스럽다.

내가 살아가면서 내면의 모든 것을 오픈하지 못했지만 앞으로 나는 나의 고민과 삶의 방향, 목표를 이번 기회에 한 번 더 생각해 보고 싶다. 그 대상은 사물이나 정신세계가 될 수도 있고, 아니면 오늘의 일상이 될 수 있을 것이다. 그것이 다음번 재설계의 목표가 될 것이다.

이 이야기는 개인적인 이야기이지만 40대에게 필요한 이야기이다. 자신의 아름다운 미래를 위해 자신을 재설계하는 순간 당신 인생은 몰라보게 성숙할 것이다. 고대 중국의 병법서『손자병법』에서도 '변화에 대응할 수 있는 자만이 살아남는다'고 했고, 마하트마 간디는 '세상이 변화하는 걸 보고 싶다면, 너 스스로 변하라'고 단호하게 인생에서 변화의 중요성을 강조했다.

그러나 내가 나를 이해하는 일은 습관이 안 되서 쉽지 않고, 나를 객관화 하는 데는 한계가 있다. 특히 지금처럼 단편적인 경험과 사고로는 당신을 새롭게 디자인 하는 것에 한계가 있을 수 있다. 책만 보고 경험을 넓혔다고 할 수 없다. 따라서 색다른 경험, 새로운 정보, 새로운 좋은 사람을 만나면서 더 넓은 세상으로 나아갈 수 있다. 새롭게 경험하는 모든 것은 생산적

활동이고, 생산적인 것들이 그대로 50대 이후 자신의 삶에 밑바탕이 된다.

당신이 서있는 이 자리에서 조금 눈을 돌려 다양한 세상에 조금만 관심을 갖는 것도 충분히 의미가 있고 변화할 수 있는 가능성이 커진다. 직장 밖에서 돌아가는 세상 공부도 적극적으로 해라. 우선 종이 신문을 보기를 권한다. 신문은 정보의 보고이다. 충분한 투자 가치가 있다. 신문이 인생을 바꿀 수 있다고 단정할 수는 없지만, 신문만큼 세상 공부를 쉽게 할 만한 것도 없다. 자기 직장 밖으로 자기 사업 밖으로 시야를 넓혀가고, 관계를 연결하고, 행동을 펼쳐나가기 위한 공부를 꾸준히 해라.

> 재설계는 40대에 반드시 시작하여야 한다. 50대 재설계는 늦다. 그래서 지금 40대의 선택, 습관, 관계망이 중요하다.

지금 주도적으로 자기혁신을 완성하라

　홍길동은 성실하게 일했고, 가정은 평온했다. 주말에는 가끔 가족과 영화도 보고 외식도 했다. 평온하게 살아온 홍길동은 어느 날 회사로부터 경영악화로 권고사직을 받았다. 청천벽력 같은 이야기지만 홍길동 같은 사례는 실제로 일어나는 풍경이다. 기업을 운영하는 사업주 역시 수익성 악화로 폐업하는 사례를 흔히 볼 수 있다.

　앞이 망막한 가장으로서 뭔가를 시도해 보려고 노력은 해보지만 인맥도 부족하고 새로 마땅히 시도해 볼만한 일이 손에 잡히지도 않는다. 그렇다고 준비 없이 창업을 할 수도 없다. 그나마 지금까지 저축해 놓은 돈을 털어서 일을 벌이는 것은 누구를 만나도 반대한다. 이런 생활이 벌써 몇 달째 이어지고 있다.

　홍길동은 예상치 않은 일이 일어나서 충격이 컸지만 굶은 상처를 추스르고 곧 다시 일어났고 다시 일상으로 돌아왔다. 막상 당시에는 앞이 깜깜했지만 곧 모든 것이 원위치 됐다. 원점으로 돌아왔다.

당신도 위와 같은 상황을 충분히 동감할 것이다. 이런 상황을 주변에서 흔히 보아왔고, 이 상황에 자신을 설정하고 해결안을 상상해 보았을 것이다. 아니면 이런 상황보다 더 심한 경험을 했을 수도 있다. 이런 심각한 상황이 전개되어도 당신은 어떤 변화도 없었다. 혹시 독하게 변하려고 어떤 시도도 못해봤다면 가슴에 손을 얹고 자신을 위로하여야 한다. 미안했다고.

변화는 독한 사람이 아니면 실행하는 것이 어렵다. 그렇지 않은 사람들은 그저 발등에 불이 떨어져야만 움직이기 시작한다. 왜냐하면 우선 경제적인 문제에 집중 할 수밖에 없기 때문이라고 합리화 할 수 있다. 그러나 사실 더 큰 요인은 미래에 관심이 없기 때문이다. 게으른 것과는 다른 내용이다. 그래서 미래를 위해 진정한 재설계가 필요한 것이다.

『사피엔스』의 저자 유발 하라리는 미래에는 '배우는 시기와 배운 걸 써먹는 시기로 인생이 나뉘던 시대는 지났고, 앞으로는 계속해서 스스로를 만들어가야 한다'고 했다. 현재의 교육과정은 산업시대에 적응하도록 맞춰져 있는데, 2050년이 됐을 때 세상이 어떻게 달라져 있을지는 아무도 모른다며, 나이가 들어도 15세 학생처럼 자기계발에 나서야 한다는 것이다.

20대에도 30대에도 변화를 잘 이겨냈다. 40대는 유발 하라리의 말처럼 4차 산업혁명이 시작되는 과도기로 급격한 변화가 자신 앞에 닥치기 전에 준비하는 습관이 필요하다. 이것이 자기혁신을 위한 재설계의 실천이다.

언제부터 할까? 뭐부터 할까? 고민만 하지 마라. 생각만하지 마라. 재설계는 몇 가지만 바꾸어도 외부환경 변화에 선제적 대응이 가능하기 때문이다. 그리고 진행하는 데 조금 잘못됐다면 계획을 수정하면 된다. 한 발 늦었다고 하는 사람도 있겠지만 지금도 절대 늦지 않았다. 지금부터 재설계를 시작하면 그 열매를 얻을 수 있다.

이제 새로운 목표가 정해졌다면 속력을 높여 달려야 한다. 절름발이 리지자인을 하지 말고, 액셀러레이터를 밟아 당신의 인공위성을 정지위성 궤도에 올릴 때까지 속도를 올려야 한다. 추진 동력을 일정기간 유지해야 한다.

스타트 단계에서 임계점 돌파하는 것이 왜 중요한지 그것을 성취한 사람만 알 수 있다. 보이지 않는 터널이 반드시 있고, 주변의 유혹이 있고 여러 가지 장애요소가 발생된다. 그렇지만 참고 일정시간 진행하면 뭐든지 탄력을 받게 되면서 어느새 임계점을 돌파한다. 한순간 결과가 폭발적으로 나타난다. 언제부터 할까? 생각만 하지 말고, 다시 출발선에 서서 망설임 없이 뛰쳐나가야 한다.

혜민스님의 이야기가 있다. '누구처럼 되기 위해 살지 마세요. 하나밖에 없는 오직 내가 되세요. 주관을 세우고 독창적인 트랜

스세터가 되세요. 기존의 패러다임을 당신이 뒤집어쓰세요. 그리고 100% 확신이 설 때까지 기다리지 마세요.'

 시간을 끌다 시기를 놓치면 준비가 다 됐을 때는 막상 아무도 부르지 않는다. 심사숙고 한 목표가 있다면 시작하면 된다. 자신의 성숙한 미래는 재출발을 하느냐 안 하느냐에 달려 있다. 그래서 결국 새로운 목표에 대한 열정이 충만한 사람들은 대부분 성공한다.

 대부분의 성공 결과는 즉시 나타나지 않고 계단을 오르듯이 천천히 나타나고, 임계점을 넘기면 비로소 그 부분을 알 수 있다. 열정의 지속이 몰입인데 그 단계를 경험하기 바란다. 몰입 없이 성공한 사람은 한 사람도 없다.

 몰입을 연구한 미국인 심리학자 칙샌트미하이는 큰 업적을 이룬 사람들의 공통점은 몰입이라 했다. 만유인력을 발견하기 위해 뉴턴은 '내내 그 생각'만 했고, 광양자 가설, 특수상대성이론을 발표한 아인슈타인은 '몇 달이고 몇 년이고 생각하고 또 그것만 생각한다'라고 했다.

 미하이는 몰입의 경험을 하기 위한 세 가지 단계의 방법을 제시했다.

 첫 번째, 지속적으로 목표가 이어져야 한다. 암벽 등반의 경우, 계속 다음 단계로 진전하지 않으면 안 되는 상황처럼 스스로 촉매 작용을 일으키도록 해야 한다.

 두 번째, 즉각적인 결과가 나타나는 것이 좋다. 즉, 피드백이 중요하다. 암벽 등반을 하면 바로 결과가 나타나는 긴장의 상황이 전개된다. 즉, 목표와 피드백이 있어야 집중하게 된다.

세 번째, 자신이 할 수 있는 능력에 맞게 목표를 설정해야 한다. 목표 달성 성취의 맛이 있어야 한다.

당신은 이제 일 년에 한두 번은 원하는 것을 위해 완전히 그것에 몰입할 수 있어야 한다. 몰입하는 일은 쉬운 일은 아니다. 그렇지만 그런 경험이 없이 원하거나 꿈꾸거나 아니면 이번에는 뭔가 달라져야 한다면 지금 몰입을 연습하여야 한다. 과거처럼 실제 원하는 것에 몰입할 수 없으면서 '반전, 역전'을 기대하는 것은 '우물가에서 숭늉 찾는 것'과 똑같다. 모든 일은 과정이 있고 결과가 나오는데 노력은 하지 않고 터무니없는 결과만을 기대해서는 곤란하다.

반대로 아무것도 하지 않고 있다면 이미 위기이다. 인생 위기를 기회로 만들기 위해 재설계하고 액셀러레이터를 밟아 속도를 내야 한다. 그리고 몰입의 단계에 이르러야 진정 당신이 원하는 숭늉을 먹을 수 있다.

10년은 순식간에 지나간다. 지금 변화에 주도적으로 대응하고, 변화한다면 당신의 인생에 기적이 일어날 것이다. 그날이 현실이 되는 날을 기대해본다. 후회 없는 당신의 혁신을 응원한다.

> 고민만 하지 마라. 생각만하지 마라. 몇 가지만 재설계하고 실행한다면 외부환경 변화에 선제적 대응이 가능하고, 곧 그 열매를 얻을 수 있다.

먼저 세 가지만 실천하라

　미래를 위해 할 일은 머리 아프고, 소소하게 즐길 유혹은 주변에 널렸다. 오디션과 요리 방송을 보고, 당구를 치고, 다운받은 영화를 보고, 월남국수 먹으러 갈 곳을 검색하고, 프리미어리그, LPGA투어 등……. 일일이 따져보니 나를 변화시킬 시간이 별로 없는 것 같다. 일상의 소소한 행복을 너무 많이 즐기고 있는 것은 아닐까?

　좋다. 기왕 아무것도 안할 바에는 새로운 그것도 경험이니 다행이다. 그렇지만 한 가지 내가 앞으로 하고자 하는 일, 하고 싶은 일, 배우고 싶은 취미, 꼭 해야 할 일은 뒤로 처박아 놓고 소소한 일만 즐기고 있다면 이제 처박아 놓은 것들 중에 쉬운 것부터 하나씩 꺼내 실천 하면서 목록을 체크해 나가야 한다.

　천재의 대명사 '알베르트 아인슈타인'은 이런 이야기를 했다.

'미친 짓이란, 매번 똑같은 행동을 반복하면서 다른 결과를 기대하는 것이다.' 그래서 그의 말대로 당신의 인생혁명은 오늘 당신이 어떤 새로운 행동을 하느냐에 달려있다. 똑같지 않은 새로운 것에 도전하고, 경험하기를 행동한다면 이미 당신 인생은 성공의 길로 달리고 있다고 보면 된다. 과속할 필요도 없고 다른 사람에게 신경 쓸 필요도 없다. 오늘부터 하나씩 꾸준히 실천하면 반드시 당신에게 변화가 온다.

직장에 매인 시간 일부와 텔레비전 시청이나 스마트폰 게임과 검색에 잡다한 시간을 보내는 시간을 쪼개서 자신을 위한 시간으로 만들어보자. 시간은 만들기 나름이다.

그럼 먼저 어려운 문제를 접하기 전에 심플한 세 가지를 찾아보자. '파란 하늘 바라보기. 큰소리로 웃어보기, 길가에 들꽃 가까이 쳐다보기, 어깨 돌리기 10번, 부모님에게 하트 메시지 보내기, 소나무 멍 때리고 쳐다보기, 시 하나 소리내서 읽어보기, 자전거 타고 동네 한 바퀴 돌기, 화분에 물주기, 마루 물걸레질하기(남성), 신발 멀리 날리기, 허공에 소리 꽥 지르기, 골방에서 명상하기……'

이런 종류의 싱거우면서도 재미있는 것 3개 정도를 오늘 한 번 도전해보기 바란다. 단순하다. 머리 쓸 일이 없지만 새로운 것을 경험하는 당신에게는 오히려 세상에 찌들려 감성이 무뎌졌던 당신을 찾을 수 있을 것이다.

멍 때리는 것도 인간이 본성적으로 힐링이 된다는 이야기도 있고, 명상으로 감정에 몰입하는 것 또한 사람이 스스로 무언가를 제어 할 수 있다는 생각을 돕는다는 이야기가 있다. 딱딱해진 자신의 감성을 살살 다스려 쉬운 것부터 매일 실천해 본다면 일상이 좀 더 여유로워질 것이다. 그러면 머리 아프다고 제쳐놓은 일도 하나씩 꺼내볼 수 있지 않을까?

나이를 들어가면서 생각은 많아지고 자기계발을 위한 실천력은 떨어진다. 퇴행징조다. 당신뿐만 아니라 보통 사람들의 모습이다. 그래서 아주 정상적인 모습으로 받아들이고 좀 독해지는 연습을 하라.

뻔히 필요한 것을 알면서도 실천이 안 되고 마음먹은 대로 자신의 의지가 못 따라간다면 앞으로 더 어렵다. 지금이라도 실천 연습을 해야 한다. 그런 삶에서 한 발짝도 못 벗어나면서 자기가 주도적으로 혁신을 하고 재설계를 한다고 하면 말이 성립되지 않는다. 그래서 혹시라도 세상이 빨리 변해 따라갈 수 없다고 지레 포기한다면 지나가던 강아지가 웃을 것이다.

당신도 비슷할 것이다. 그동안 자신의 의지가 부족해서 미뤄놨던 일, 내 탓이 아니라 외부 요인으로 미뤄놨던 일, 이제 변화될 당신의 10년, 20년 후를 책임져야 할 시기이기에 당신의 숙원이었던 '새로운 목표와 나쁜 습관 고치기'를 더는 미루지 말고 오늘부터 각각 3개를 정해 실천하길 바란다.

특히 40대에는 생각할 일이 많다. 한없이 길어진 미래를 생각해야 한다. 실제 시간은 빨라서 잠깐 사이 50대가 된다. 50대가 된다고 세상이 변하는 것은 없지만 본인이나 타인이 그렇게 인정을 안 해준다. 40대까지는 젊은 층으로 구분하지만 50대는 중장년층으로 인식한다. 그래서 섭섭하지만 자신의 자존감으로 젊음을 지킬 수밖에 없다. 50대가 되기 전에 인생 재설계를 반드시 하여야 하는 이유이다.

30대에서 40대 가는 것과 40대에서 50대 가는 것은 완전히 다른 개념이다. 다시 한 번 말하지만 40대가 당신을 재설계 하고, 새로운 인생을 준비하는 변화의 적기다. 10년 후 당신을 책임질 수 있는 사람은 당신밖에 없다. 과거와 다른 당신을 만들기 위해 계획했으면 생각만 하지 말고 행동할 때이다. 실속 없이 늘 껍데기 같은 인생을 살아 왔다면 이제 생각을 고쳐서 현명한 결정 하나만하더라도 인생의 방향은 지금과 달라질 것이다.

때때로 며칠 밤을 새면서 시험 준비를 했으며, 회사 일로 납기에 시달릴 때는 가정을 포기하고 회사 일에 매달리기도 했다. 고객이 줄어 매출을 올리기 위하여 만방에 영업을 하러 뛰어 다녔다. 그러나 이제 정작 변화가 필요한 자신에게는 너무 인색한 나머지 자신의 미래를 위해 '세 가지 목표와 세 가지 습관'을 결정하기 위해 단 하루도 사용하지 않는다면 평생을 후회 할 수도 있다. 당신은 적어도 위대한 인생 40년 이상을 살아왔으니 더 이상 부연 설명을 안 해도 10년을 내다보는 일은 스스로 할 수 있기를 마지막으로 당부한다. 오늘 그 세 가지를 결정하라.

변화는 작은 것에서부터 시작된다. 절대 너무 큰 목표에 매달리거나 터무니없이 너무 큰 기대치와 포부를 그린다면 또 다시 일주일 만에 포기하고 말 것이다. 작은 목표부터 스스로 성공 체험을 이어 간다면 안 될 것이 없다. 과거형 패러다임에 살고 있다면 걷어차고 일어나라. 이 시간 이후 당신을 인생의 주인공을 만들어야 한다.

'누구나 길은 안다, 하지만 소수만이 그 길을 걷는다'라고 보리달마는 일찍이 생각만하는 인간의 본능을 지적했고, 그리스의 3대 비극 시인 소포클레스는 '내가 헛되이 보낸 오늘 하루는 어제 죽어간 이들이 그토록 바라던 하루이다'라고 했다. 단 하루 사이에 모든 것을 잃을 수 있고, 다시 소생시킬 수 있고 완전히 바뀔 수도 있다. 소설가가 되겠다가 할 게 아니라 소설을 쓰고 있어야 하고, 뜰에 꽃을 피우고 싶으면 지금 뜰로 나가 나무를 심어야 한다는 이야기를 기억하고, 지금까지 선명한 계획이 없다면 뭐가 되더라도 한번 뒤집어보는 것이 좋겠다.

위에서 제시한 '미래를 위한 세 가지 목표, 고쳐야 할 세 가지 습관' 정도만 바꾸더라도 인생은 완전히 바뀔 것이다. 50대 넘어서 후회 할 일이 확실히 줄어들 것이다.

> 이제 변화될 당신의 10년, 20년 후를 책임져야 할 시기이기에 당신의 숙원이었던 '새로운 목표와 나쁜 습관 고치기'를 더 이상 미루지 마라.

에필로그 당신의 위대한 인생이 다시 시작됐다

'미래'가 더 중요해졌다

이 책의 핵심 메시지는 '재설계'이다. 잠시 스쳐지나가듯 휙 지나가는 40대의 미래 준비를 강조한 책이다. 우리가 겪어보지 못한 호모헌드레드 시대에 40대야 말로 미래를 준비하는 골든 타임이기 때문이다.

하루하루 치열한 삶 속에서도 미래에 긍정적인 목표가 있을 때 에너지가 생긴다. 그래서 미래를 망각하고 오늘만을 위해 살아가면서 소소한 행복만을 찾는 철없이 짓을 하지 않기를 바란다. 소소한 행복을 즐겼으면 자신에게 재투자와 선투자를 반드시 해야 한다. 미래는 준비하는 만큼 되돌아온다.

그리고 당신은 무방비로 50대가 맞이하지 않기를 바란다. 분명한 것은 세상의 변화는 빠르다는 것이고 자칫 하루하루를 그저 어제와 같이 타성에 젖어 시간을 허비한다면 50대에는 낙오자 대열에 끼여 있을 수 있으므로 적어도 미래를 위한 자기계발 시간을 꾸준히 갖는 것이 필요하다. 미래는 확실하게 우리에게 변화를 요구하고 있다.

 나는 이 책을 통해 40대의 성공, 실패라는 단어를 최소화 하려고 했으며, 전반적으로 부정적인 언어와 부정적 환경을 최소화하려고 노력했다. 왜냐하면 나를 포함해 보통사람들은 부정적인 표현을 좋아하지 않는다. 암시적으로라도 부정적인 내용을 강조하는 것은 우리 40대에게 옳지 않다고 생각했다.

 한 가지 더 성공도 마찬가지다. 성공이라는 기준도 각자 잣대가 다르기 때문에 명확하지 않은 부분이 있고, 따라서 그 또한 자신이 행복하다면 성공의 기준이 바뀔 수 있다고 본다. 그래서 자신을 타자화해서 바라만 보는 것도 이제는 자신이 기준이 되어야 한다. 그래서 성공 또한 각자의 판단으로 미뤄 놨다. 성공의 기준은 자기 자신의 믿음이 가장 중요하며, 그런 상황 설명이 없어도 충분히 이해할 수 있으리라 본다.

 그리고 내 주변에는 40대 미혼자가 많아서 그 점도 유의하려고 노력했다. 혹시라도 이 책을 읽으면서 미혼자라서 아쉬운 점이 있었다면 빨리 결혼을 하시길 바란다. 예를 들면 자녀 교육비를 줄이라는 이야기인데 싱글이라면 1년 후 늦둥이가 탄생할 것을 상상해보는 환상적인 꿈을 꾸어보기 바란다.

50대 이후의 인생을 거론하는 것은 잔소리가 될 수도 있지만, 지금 40대는 1년을 10년처럼 아껴 써야 하는 것이 확실하다.

당신이 30대에서 40대 되었을 때도 인생에 큰 변화가 있었다. 결혼, 출산, 승진……, 40대는 직장문제, 자녀교육문제, 노후준비문제로 어깨가 무겁다. 그래서 몸은 피곤하고 스트레스는 하늘을 찌른다. 별다른 준비 없이 50대를 맞이한다면 50대 이후의 경쟁은 40대보다 치열하다는 점을 각오해야 한다.

'실행' 하는 결단

10년 후 2025년은 대한민국이 초고령화국에 진입하게 되는데 고령화문제에서 가장 심각한 문제는 경제활동이다. 지금 40대는 10년 후 50대가 되어있을 것이며, 지금의 50~60대와 일자리에서 충돌이 불가피하다.

나도 그 대열에서 독자와 충돌할 것이다. 10년 후의 대지도를 그려야 한다. 그 대지도는 당신의 백세시대의 나침반쯤 되지 않을까! 한 번도 나침반 방향을 설정해보지 못한 40대는 50대 이후 삶에 대하여 우습게 생각하면 코피 터진다. 20대, 30대, 40대에는 주로 세대별로 경쟁과 교류가 이루어졌지만 10년 후 당신이 50대가 되면 50대, 60대, 70대가 하나의 시니어그룹으로 그 시니어그룹은 서로 양보할 여력이 없다. 시니어를 위한 사회적인 시스템이 바뀐다 해도 어려움이 예상보다 많을 것이다.

세상의 변화에 대하여 두려움을 버리고 스스로 나비가 되어 하늘을 날아간 노랑애벌레처럼 빨리 애벌레 기둥을 내려와 자신의 길을 찾아 노랑날개를 가진 나비가 되어야 한다. 지금처럼 목적과 방향성 없이 허구한 날을 보냈고, 별다른 자기계발 노력도 없었다면 이쯤에서 자신의 위치를 확인하고 일정 부분 노선을 바꾸어야 한다.

기회는 지금, 지금이 그 변화의 시기라고 생각하면 된다. 40대 초반이니까 '나는 아직 괜찮아'라고 이야기할 수도 있다. 그릴 수도 있다. 40대 초반에는 너무 겁주는 이야기로 들렸을 것이다. 미안하다. 40대 초반에는 돈과 시간에 대한 실용적 소비를 하면서 시간 있을 때 여행도 다니고, 취미도 개발하면서 외국어 하나정도는 배워두기를 권한다. 장기 레이스를 고려하면 좋을 것이다.

  10년 후 미래는 잠시 후에 당신 눈앞에 나타난다. 당신만 변화 없이 이 자리에서 정체될 것 같아 옐로카드를 제시하겠다. 누구도 당신의 미래를 이래라 저래라 하고 나설 사람이 없기 때문에 이렇게 카드를 꺼낸다. 생각만 하지 말고 세 가지를 '실행'하라. 마지막 당부이다.

40대, 판을 바꾼다